MÉXICO PERDIDO

MÉXICO PERDIDO

Rolan Pelletier Barberena©

EDICIONES B
GRUPO ZETA

Barcelona•Bogotá•Buenos Aires•Caracas•Madrid•México D.F.•Montevideo•Quito•Santiago de Chile

México perdido

Iª edición. Junio, 2009

D.R. © 2009, Rolan Pelletier Barberena©

D.R. © Ediciones B México, S.A. de C.V.
Bradley 52, Col. Anzures. 11590, México, D.F.

www.edicionesb.com.mx

ISBN: 978-607-480-015-9

Fotocomposición: KrearT Servicios Editoriales S.A. de C.V.

El escenario es México...
donde un pueblo nativo...
posee una religión que rudimentariamente
podríamos describir como una
religión de la muerte.

Malcom Lowry

Y todo bajo el sol es armonía,
pero la luna eclipsa al sol.

«Eclipse»
Roger Waters
Dark Side of the Moon
Pink Floyd

A la memoria de los franceses,
sonorenses y yaquis que dieron sus vidas.
Creyeron en Sonora.

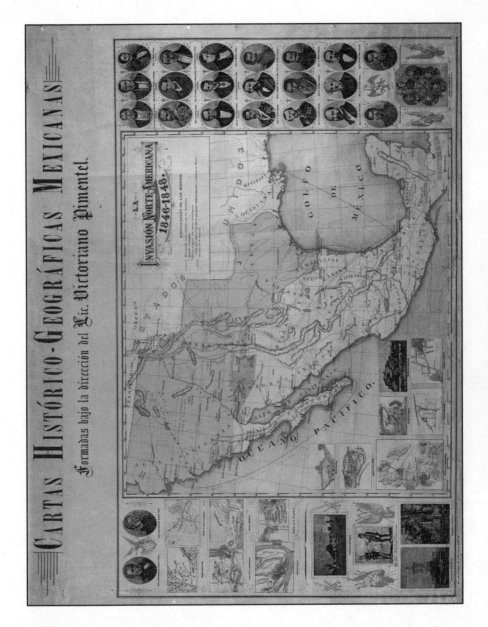

México vista panorámica tomada desde un globo, litografía acuarela, 1848, Mapoteca Orozco y Berra V.

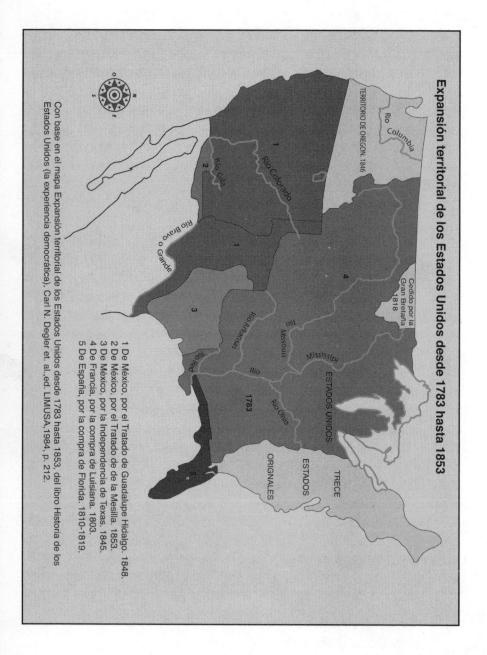

Expansión territorial de los Estados Unidos desde 1783 hasta 1853

TERRITORIO DE OREGÓN, 1846

Río Columbia

Cedido por la
Gran Bretaña
1818

Río Gila

Río Colorado

Río Bravo o
Grande

Río Arkansas

Río Missouri

Mississippi

Río Pecos

Río Ohio

1783

ESTADOS UNIDOS

TRECE

ESTADOS

ORIGINALES

1 De México, por el Tratado de Guadalupe Hidalgo. 1848.
2 De México, por el Tratado de la Mesilla. 1853.
3 De México, por la Independencia de Texas. 1845.
4 De Francia, por la compra de Luisiana. 1803.
5 De España, por la compra de Florida. 1810-1819.

Con base en el mapa Expansión territorial de los Estados Unidos desde 1783 hasta 1853, del libro Historia de los Estados Unidos (la experiencia democrática), Carl N. Degler et. al.,ed. LIMUSA,1984, p. 212.

Prólogo

En el desierto el sol es rey; establece las reglas de sobrevivencia. Es poderoso, no se puede ver de frente, hay que ocultarse; mata a quien no se protege de su fuerza. Es amado y temido: da vida y muerte.

Cuando el sol se oculta, la luna reina, ella trae silencio y frescor a un mundo ardiente, es oscuridad, luz de plata.

En el desierto de Sonora, los yoreme cuentan:

«El Sol ama a la Luna. La quiere como su esposa. Una vez la Luna le dijo: "Me casaré contigo, pero sólo con la condición de que me des un regalo. Cualquier cosa, pero debe ser a mi medida".

—¿Qué clase de regalo te gustaría? —preguntó el Sol.

—No importa la clase de regalo, mientras me quede.

—Bien—, dijo el Sol.

Le compró un regalo, el mejor, pero no fue de la medida exacta. La próxima vez calcularía cuidadosamente, de modo de encontrar la medida correcta. Luego le traería otro regalo, pero éste fue muy pequeño o tal vez muy grande. Y así siguieron… nunca le dio un regalo a su medida.

Por esta razón, el Sol nunca se pudo casar con la Luna. Él la desea, la ama porque la riqueza que ella tiene persiste. La riqueza de él nunca dura. Desaparece rápido».

Nota del autor

Mil ochocientos cincuenta años antes de que Méjico se emancipara del Reino de España, Dionisio de Halicarnaso predijo su dependencia con Estados Unidos: «Es ley natural, común a todos los hombres, que el tiempo no destruye: el fuerte siempre dominará al débil».

Esta historia comenzó algunos años antes de que llegaran los franceses a Sonora. Se inició cuando la mirada de Estados Unidos se dirigió al sur, hacia los vastos territorios mejicanos sin poblar. Un editorial del *New York Herald* declaraba que por Derecho Divino este territorio no pertenece al indolente Méjico, pero sí al pueblo que lo usará para desparramar las bendiciones de Dios a la humanidad.

En 1846, con motivos de límites fronterizos con Tejas, declararon la guerra a Méjico.

En la guerra, Méjico fue indomable, lo tuvieron que aplastar para que se rindiera: invadieron su territorio, ocuparon su capital y amenazaron con tener una presencia permanente de sus tropas. En 1847, el diario *The New York Herald* consideraba que la presencia del ejército en Méjico serviría no solamente para recaudar las indemnizaciones de guerra: «La universal nación yanqui puede regenerar a la gente de Méjico en pocos años; consideramos que es parte de nuestro destino civilizar ese bello país y permitir a sus habitantes apreciar algunas de las muchas ventajas y bendiciones que tienen».

La guerra dejó a Méjico exangüe: con las mismas taras que antes y sin la mitad de su territorio; la democracia y progreso nunca llegaron, se quedaron del otro lado. Estados Unidos se identificaba con el éxito como nación, crecía. Su destino manifiesto era gobernar América. Así decían: «Máxima confianza, seguridad y ambición en hacer que América se apropie de todos los territorios adyacentes, lo cual es cumplimiento de una misión moral, delegada a la nación por la providencia misma».

Cuando los americanos ocuparon la ciudad de Méjico, se inició un conflicto civil. Era la revancha de los indígenas, que son rencorosos y saben esperar. Con Méjico derrotado ante los americanos, vieron su oportunidad, comenzaron una guerra de exterminio contra «el hombre de razón», deseaban volver a ser un pueblo indígena. La rebelión fue en Yucatán, pero también en los estados de Méjico, Puebla, Colima, Michoacán, Oaxaca, Tabasco. Una contienda feroz. Méjico debió volver a reunir un ejército de veinticinco mil hombres, sólo para combatir en Yucatán; una tropa más grande que la utilizada contra el invasor yanqui.

Fue entonces cuando vieron la verdadera cara de Méjico y no les gustó: un país rebelde, violento, muy grande para controlarlo. El senado americano discutió los términos de la rendición. Muchos senadores y la opinión pública querían la anexión de todo Méjico. Los estados del sur se opusieron. La discusión no trataba sobre si un estado mejicano anexado podría ser esclavista o no, sino sobre qué pasaría con la esclavitud en territorio mejicano, temían que no pudiera ser ejercida. O peor aún, si se aplicaba, la institución se vería seriamente debilitada. Los mejicanos son veneno para los valores de la Unión: diferentes y no asimilables. El 10 de febrero de 1847, el senador Lewis Cass, partidario del expansionismo, dijo ante el senado: «No queremos una deplorable amalgama con el pueblo mejicano, sea como súbdito o ciudadano, deseamos una parte de su territorio que nominalmente posee, deshabitado o con tan poca población que abandonará el territorio o se identificará con nuestra raza». Así que se conformaron con menos territorio, pactaron la paz y se fueron a sus nuevas fronteras, más allá del río Grande.

Al territorio de Méjico no sólo lo codiciaba su país vecino, sino también algunos particulares; el éxito era posible: Sam

Houston lo hizo en Tejas. William Walker proclamó la «República de Baja California y Sonora». En Sonora, Henry A. Crabb atacó Caborca. José María Carvajal intentó separar Tamaulipas de Méjico, instauró la «República de la Sierra Madre»... y por supuesto: el Conde Gastón de Raousset-Boulbon.

Los llamaron filibusteros. Sin apoyos institucionales, sin recursos, se lanzaron como lobos para desposeer de territorios a un Méjico indefenso. Los filibusteros lo intentaron, fracasaron, y volvieron a intentarlo. Desembarcaron en un territorio hostil, eran un puñado de hombres armados con el ánimo de conquistar un país, perdieron batallas, pero sólo para regresar a Estados Unidos, recuperarse y volverlo a intentar una y otra vez.

Capítulo i

Todo en San Francisco deslumbra, eso me dijo Juan Bautista Jecker en la ciudad de Méjico. Dios designó a los americanos como la raza elegida, se los demostró con oro. En el territorio que antes perteneciera a Méjico, California, un año después de la guerra, en 1949, cerca del pueblo de pescadores de San Francisco descubrieron vetas de oro, tantas que no se sabía dónde acababan. Comenzó la fiebre del oro.

Los habitantes de la ciudad con su codicia provocaron la ira de Dios. Cinco veces destruida por el fuego, otras tantas vuelta a construir. Cuando llegué en 1853 era una urbe universal, absorbía a todos los hombres y mujeres con fe en su destino: ser inmensamente ricos. La ciudad tenía calles bien trazadas y edificios sólidos.

La casa recién construida del cónsul francés estaba en la calle Commerce, rodeada de establecimientos en los que podían encontrarse todos los productos: lino, conservas, vinos franceses, lanas escocesas, sedas de china, maquinaria inglesa, armas alemanas.

Un sirviente negro abrió la puerta, me condujo a un pequeño salón decorado con toscos muebles de madera y elegantes tapetes turcos.

Patrice Dillon entró caminando como oso orgulloso. —¡Ah!, bienvenido, compatriota —dijo—, al tiempo que levantaba los brazos como si quisiera darme un efusivo abrazo. Extendí mi mano deteniendo su impulso.

Ernest Vigneaux —dije. —Vengo de la ciudad de Méjico con una carta del señor Jecker.

—Juan Bautista me anunció su llegada —dijo el cónsul—. Con la mano me indicó uno de los sillones, tapizado con piel de *grizzli*.

—¿Le puedo ofrecer aguardiente local? Tengo whisky que me llega de Nueva Orleáns. Vale la pena probarlo.

—¡Excelente idea!

—El negro que debía esperar esta respuesta entró con una charola de plata, una botella, dos copas, hielo, agua de *Seltzer* y una canastilla de frutas secas y nueces. Puso la charola sobre una mesa y se retiró, cerrando tras sí dos puertas forradas de terciopelo.

Mientras Dillon servía las copas, dijo:

—Su apellido es Vigneaux, ¿no es cierto? —se quedó pensativo un rato.

—Debe ser nieto del maître Julien Vigneaux.

—Asentí con un gesto.

—Conozco la reputación de su abuelo, gran abogado, excelente orador, si mal no recuerdo consiguió celebridad defendiendo los derechos civiles de los protestantes. Un hombre excepcional.

—Así es, señor Dillon, mi padre y yo seguimos con la tradición. Abrí mi cartera y le extendí la carta.

Dillon tomó un trago, se sentó y comenzó a leerla. Mientras leía la carta, probé el whisky, me quedé sorprendido por su gusto elegante, redondo y un tanto ácido.

—¡Excelentes noticias!—dijo el cónsul—. Es algo de esperar de un hombre con la visión de Jecker.

—¡Cómo! ¿conoce la mina en Sonora?

—Lo de la mina no, pero la riqueza de Sonora es conocida desde hace muchos años.

—¿Quién lo sabe? —pregunté un tanto alarmado.

—Mucha gente. Hubo un viajero francés, Cyprien Combier, que realizó un viaje entre 1828 y 1831, publicó el libro *Voyage au Golfe de Californie*[1], con el atrayente subtítulo: «Description de la Sonora et de ses richesses minéraux»[2]. Concluía que era uno de los estados más ricos de la confederación mejicana.

---

[1] Viaje al Golfo de California.
[2] Descripción de Sonora y sus riquezas minerales.

—Los reyes de Francia e Inglaterra estaban interesados sobre lo que había en Méjico; comisionaron a los agregados económicos de sus respectivas legaciones en el país de que hicieran un reporte sobre las riquezas en mineral u otras que pudieran existir.

—Francia comisionó a Eugène Duflot de Mofras, quien publicó en 1844 un libro titulado *Exploitation du territoire de l'Oregon, des Californies, et de la mer Vermeille, exécutée pendant les années 1840, 1841 et 1842.*[3]

—Gran Bretaña comisionó a H. G. Ward, quien publicó en Londres los dos volúmenes de *Méjico in 1827*[4], donde se confirma que en las regiones inexploradas de Sonora hay riquezas minerales que exceden a las encontradas en el centro y sur de Méjico durante el virreinato español.

—Estos reportes encendieron la imaginación de novelistas como Paul Duplessis y Gabriel Ferry. En Francia el nombre de "Sonora" está asociado con oro y plata.

—Algunos han intentado ir, pero como sabe, los apaches lo impiden. Se dio el caso que el gobierno de Sonora invitó a Charles Pindray para que estableciera una colonia de franceses, y fue con ciento cincuenta hombres.

—¿Qué pasó? —pregunté.

—¿Qué pasó? —Dillon terminó de un sorbo su whisky, se levantó y fue a servirse otro.

—No tuvo un final feliz —respondió.

—Por eso estoy aquí, señor Dillon, para asegurarme de que todo salga bien y para eso necesito su ayuda, debo seleccionar lo mejor. ¿Cuándo podemos comenzar? —pregunté.

—Esta noche si le parece, iremos a la taberna de Paul Niquet. Quiero presentarle a la persona a la que se debe confiar. Lo paso a buscar a las siete de la noche. ¿Donde está hospedado?

—En el hotel Dix, en Baltimore y Powell.

—Buena elección.

—Muy caro, pago treinta dólares a la semana.

—¡Ah!, qué quiere Vigneaux, en una ciudad donde los mineros ganan 800 dólares al día, nada es caro.

---

[3] Explotación del territorio de Oregón, las Californias, y del mar Vermeille, ejecutada durante los años 1840, 1841 y 1842.
[4] Méjico en 1827.

—Mientras termina su whisky le platico sobre la expedición de los franceses a Sonora.

* * *

Caminaba al lado de Dillon, fumando un habano que despedía gruesas volutas de humo blanco que se desvanecían en el aire húmedo y joven de la bahía. Las calles aunque bien trazadas estaban invadidas por enormes ratas, nunca antes había visto tal cantidad y variedad: blancas, azules, negras y las de siempre, grises. Eran grandes y actuaban con impunidad; para caminar tenía que patearlas.

—¡Qué inmundicia! —dije.

—¡Bah!, no vea el piso —respondió el cónsul —vea el cielo. Le recomiendo que deje sus escarpines en el hotel y se compre botas de minero. Véalas.

Me mostró unas toscas botas de cuero, con puntas reforzadas con metal.

—¡La elegancia se adapta, Vigneaux!

La taberna de Paul Niquet era un gran salón de paredes de madera de donde pendían pieles de animales y todo tipo de objetos que los parroquianos colgaban.

Tenía una larga barra recubierta de zinc donde había varios hombres solos, mirando un espejo colgado detrás de la barra, entre estantes de conservas y vino. Ninguno hablaba entre sí, todos miraban el espejo que reflejaba el resto de la taberna desdibujado por tanto humo de tabaco.

Dillon con la cabeza señaló a un hombre de cabello castaño ondulado que le caía hasta la nuca. Tenía rodeada la boca por una barba en forma de rombo, fumaba con voluptuosidad un cigarrillo. Movía rítmicamente el cuerpo, de un pie al otro, su mirada fija como todos los demás en el espejo. Vestía un saco cruzado de lana escocesa negra, con cuatro botones y cuello ancho, una camisa de algodón y corbata de seda roja en forma de mariposa. Sus manos permanecían enfundadas en guantes blancos de piel de ternera.

Nos acodamos a su lado, el zinc de la barra brillaba con luz amarilla de lámparas de queroseno. Dillon le dio un suave empujón con su hombro.

Sólo entonces se percató de nosotros, hizo una mueca de sorpresa cuando nos vio, sorprendido y molesto.

—¡Excelencia! —saludó al cónsul, sin quitarse los guantes—. ¿Algún asunto oficial lo trae por estos rumbos o sólo desea estar cerca de sus compatriotas? —dijo el conde con una expresión irónica.

Dillon no encajó la provocación y contestó:

—Como siempre, mi alma esta aquí, con ustedes —levantó la mano—. Este encuentro merece un brindis. Paul, tráenos una jarra del mejor vino.

El hombre que respondió detrás de barra era fuerte, los pelos del pecho le salían por la camisa de cuello abierto. Sus antebrazos parecían ramas de árbol.

—En mi taberna sólo hay un tipo de vino y es el mejor —dijo con fuerte acento de Auvernia.

—Da lo mismo —contestó Dillon —¡tráenos una jarra!

—Conde, quiero presentarle al abogado Ernest Vigneaux.

—¡Abogado! —me dedicó una larga mirada—. ¡Ah! —exclamó, al tiempo que me miraba directo a los ojos—, está en el lugar adecuado. Aquí sólo hay estiércol, tierra fértil para su profesión—. Se quitó ceremoniosamente el guante de la mano derecha, me la extendió—. ¡Bienvenido! —dijo.

Tomé su mano, y la retiré de inmediato, sobresaltado.

—Le sugerí a nuestro compatriota que hable con usted —dijo el cónsul—, mire, excelencia, soy socio de un banquero importante en la ciudad de…

—¡No me diga excelencia!, sólo Conde. Así me llaman. Esta ciudad transforma todo, quien era banquero ahora es portero de cabaret, el mesero de Colombes sur Seine es empresario, y un coronel plancha camisas para otros. Solamente cuenta el dinero… Sí, nada más dígame Conde.

—Como guste, vengo de la ciudad de Méjico, el señor Juan Bautista Jecker tiene una concesión firmada por el presidente del país, Mariano Arista, para explotar una mina de plata en Sonora.

—¡Sonora! —levantó la voz el conde.

—Sí, ¿ha estado ahí?

No contestó, se quedó recargado en la barra, mirando el espejo que reflejaba humo, entrecerró los ojos. Se irguió, como si despertara de un letargo.

—¡Sonora! —volvió decir—. ¡Hey, Paul! —gritó, dirigiéndose al hombre detrás de la barra—. Llévanos otra jarra de vino, pan, salchichón, mantequilla y rábanos.

—Señores, síganme —me tomó del brazo. Nos acomodamos en una mesa al fondo, se sentó sin decir una palabra, su mirada permanecía perdida en el vacío. Cuando Paul trajo la charola y puso la comida sobre la mesa, tomó la jarra de vino, lo escanció, levantó lentamente su copa, la miró fijamente, la volvió a bajar, derramando unas gotas en el piso, y dijo:

—¡Por nuestros compatriotas!

Dillon contestó:

—Los que no llegaron —vaciaron sus copas de un trago.

—Repítame su nombre —preguntó el conde.

—Ernest Vigneaux.

—Atraviese su negocio.

—Se trata de plata, mucha plata que hay en Sonora. Montañas de plata —dije.

Saqué mi bolsa de tabaco y empecé a liar un cigarrillo; antes de que lo prendiera, el conde tomó mi brazo e impidiendo que lo prendiera, exclamó:

—¡Continúe!

El capitán del ejército norteamericano Cadler P. Stone hizo un mapa de la ubicación de la mina. Juan Bautista Jecker lo tiene.

—Querrá decir robó el mapa —terció el conde.

—Tiene el mapa y, como dije, tiene título legal de la mina. A pesar de llevar muchos años en Méjico, Jecker no tiene confianza en sus habitantes: le agradan, siempre dispuestos a juegos de azar y al canto, pero necesita franceses que se encarguen de mantener a distancia a los apaches.

Dejé que mis palabras surtieran efecto.

—Necesito doscientos cincuenta hombres. Ofrezco a usted y sus hombres la cuarta parte de las ganancias de la mina.

—¡Las ganancias! ¿Y la recompensa de la victoria? —dijo el conde.

—¿Qué quiere decir?

—Hablaba para mí.

—¿Acepta?

—Monsieur Fayolle —gritó el conde a un hombre rubio, delgado y elegante que estaba en otra mesa—. Acompáñenos un momento.

El hombre se levantó y llegó con un vaso de cerveza.

—¡Señores! —dijo a manera de presentación, al tiempo que se acomodaba en la mesa, levantándose los faldones de su levita.

—Les presento a Jacques Fayolle —dijo el conde—, hombre de exaltada imaginación, mente ágil y humor hasta la médula. Capitán de la Guardia Móvil, actor, anticuario, repostero, vendedor de flores, ¡todo lo que uno quiera! Decía que jamás había comido de su propia repostería porque era muy sucia.

El conde lo puso al tanto de la oferta.

—El señor Vigneaux quiere saber si aceptamos.

—¡Sonora! ¿Para allá se fue Pindray, no es cierto?

El conde afirmó con la cabeza.

—¿Y el señor pregunta? —dijo Fayolle vaciando de un trago su cerveza.

—Mire, señor Vigneaux. Algunos compatriotas no aceptarán su oferta. Hemos dejado todo: patria, familia y amigos en pos del oro. Para pocos fue cierto, para los más no lo fue. ¡Qué quiere, así es la vida! La verdad, no nos gusta el inglés, suena como pezuñas de caballo sobre piedras. Muchos regresaron con la mirada baja, otros se quedaron aquí, están resignados; ocupan puestos tradicionales: peluqueros, pasteleros, modistos, cocineros. Los menos, los osados, los que ven de frente su destino, estamos al acecho de otra oportunidad. No nos interesa el pasado porque todo es futuro.

—Nosotros sí aceptamos.

Fayolle miró al conde. Éste levantó su copa y brindó:

—¡Por Sonora!

* * *

Caminaba por la calle Stockton, había declinado terminar la noche en un casino. El conde, Fayolle y otros apostaban las futuras ganancias. Prefería estar solo, no podía olvidar la sensación que me produjo la mano del conde. Era áspera y rajada, como la de un campesino.

* * *

—¡Me pregunta Vigneaux por qué uso guantes! Para encontrar mi vida; establezco una barrera, la piel es calor que une al hombre, tocarla es amistad, amor. Sin contacto físico, estoy por encima de todos, los veo, pero son otros; ríen, se divierten en teatros y casinos. Hombres y mujeres de cuero duro, arrugado por sol y viento, pero frágiles. Lloran días enteros cuando reciben el correo: la esposa que les cuenta sobre el nuevo vestido que compró, la comida familiar de fin de año, noticias sobre primos y amigos, las calificaciones del hijo.

»Algunas veces, quisiera ser como ellos, me quito los guantes, me mezclo, pero no consigo acercarme, no sé cómo tocarlos. Así estoy libre para recordar la suavidad de Francia, sus campos de lavanda, mi castillo en Boulbon. Así, con guantes, puedo regresar a la vida que dejé.

»Sí, vine como tantos, por el oro. Me di cuenta de que la manera de obtenerlo no era para mí.

»Tan pronto desembarqué, fui a Mokelume Hill. Una mina a cielo abierto, en menos de una milla de extensión había diez mil hombres de los cuales siete mil eran franceses. Al atardecer se suspende el trabajo, se cocina, se duerme en el mismo lugar, arropado por cobijas impregnadas de sudor rancio. Se orina y defeca frente a todos, cuando les viene la gana. A nadie le importa, sólo se preocupan de arrancar piedras a la tierra, encontrar el filón, la veta de la suerte. Hombres que se rompen la espalda y la vida por un pedazo de metal dorado. ¡Esclavos!

»¿Dónde quedó el mundo de las grandes conquistas, las que se ganan con la espada? Aquellos tiempos en que los caballeros vivían en obligación y respeto hacia su rey. En la primera cruzada, al recibir la petición de ayuda del papa Urbano II, los nobles dejan casa, familia, amigos para desalojar de infieles los lugares santos. Pasaron por tierras desconocidas, solamente entendían

—26—

el lenguaje universal de la guerra: soledad, hambre, calor, frío, cansancio, aullidos de coraje y gritos de los heridos.

»Cuando triunfaron y liberaron el santo sepulcro, en las noches jugaban a los dados las provincias conquistadas, las perdían sin que importara, conquistarían más.

»La única recompensa era el honor, ocupar el lugar que le correspondía en la corte. Ahora la riqueza remplaza el honor y la gloria; quien tiene dinero recibe respeto y admiración, sin importar cómo lo haya ganado, el hombre se escuda detrás de sociedades, actúa protegido por el anonimato, el dinero se gana o se quita a nombre de éstas, ayudado por gentes como usted, Vigneaux. Los abogados son ladrones, aprenden a usar la ley para despojar en beneficio de su cliente, quien cree tener un mejor derecho que otro, al que le quitarán algo. ¡Sí!, ustedes utilizan las palabras para que la riqueza cambie de propietario. Ustedes son la nueva nobleza. Su rey es el dinero.

»No es mi caso. A los pocos días dejé Mokelume Hill para hacer lo que sabía hacer: cazar. Cobro a precio de oro osos, jabalíes, jaguares, liebres y perdices que pongo en la mesa de Paul Niquet y otros restaurantes.

»Los alquimistas se equivocaron en buscar la fórmula que convierte plomo en oro. La piedra filosofal es el oro, todo transforma.

»Le regalé una piel magnífica de oso a la condesa de Marseau, grabé en el interior una dedicatoria. Cuando recibió la piel estaba con otro hombre, uno de esos mercaderes que la cubría de joyas. ¿Qué importancia tenía la piel de un oso conseguida con riesgo de mi vida, comparado con la seguridad que da el oro? El metal que trasmuta al hombre.

»Pero volviendo a los guantes, por más que me lavo las manos, siempre tengo sangre bajo las uñas, los guantes me esconden».

—¿Por qué se los quitó cuando me conoció?, me dio su mano —pregunté.

—Quería tocarlo, recordar. Usted viene de otro lugar, no pertenece, no es uno de los nuestros.

Se me quedó viendo fijamente.

—¿Sabe, Vigneaux?, usted piensa que puede cuidar los intereses del banquero Jecker en Sonora, pero no sé si puede ver.

—¿A qué se refiere?

—Cuando llegó a Méjico venía por cuenta de un cliente, para devolverle la concesión injustamente revocada. Pensaba que las cosas se resolverían como en Francia: sus palabras iluminarían la verdad ante un juez, lo convencería de que tiene razón; la concesión debía ser restituida. «¡La salvación de Méjico son los franceses!», diría.

»Francia es la luz del mundo. Se leen sus libros, se hablaba su lengua. Su pensamiento se expande, cambia países, referencia en cultura, arte, ciencia, su código civil fue modelo para la mitad de los países del globo.

»Francia es el lugar a donde hombres y mujeres de todo el mundo llegan buscando inspiración; deseos ocultos, otra realidad ni siquiera soñada. Francia es la musa de la humanidad».

»¡Abran las puertas a la emigración francesa, abran sus puertas a Francia!, diría. ¡Sabremos ponerle un alto a los americanos!»

—Es la verdad.

—¿Cree que a alguien le interesa la verdad? En Méjico las cosas no son lo que aparentan, lo que ve no es más que la sombra de algo que no puede ver.

—No entiendo.

—Yo tampoco, pero sí le diré que en Méjico la verdad está en lo invisible.

—¡Alguien debe ver! Mi cliente está convencido de que esta gente nos necesita.

—Si les pregunta a los políticos, le dirán que sí, que nos necesitan, pero en el fondo, ¿qué harán? No se sabe. La política no es más que lucha de intereses particulares para beneficio del ganador. El pueblo no cuenta, la verdad menos.

—¿Acaso es Sonora una nación? ¿Qué pasa con el resto del país? ¿No quieren que traigamos industria y progreso?

—En el centro del país a pocos les importa lo que suceda en el norte, no pueden hacer nada, no tienen dinero; los criollos son minoría, los indígenas están sometidos.

—¿Y todo el oro y plata que produjo cuando era colonia española?

—Está en vajillas, cubiertos, monedas, lingotes a buen recaudo, en casas de señores... ¡Mire qué hermosas espuelas!

Era una tarde de primavera, fresca y soleada, caminábamos por la calle Commerce, contemplaba lo abigarrado de sus mujeres: las que pertenecían a un solo hombre estaban vestidas con extrema elegancia según su nacionalidad; las españolas con faldas anchas, peinetas y mantillas; las francesas con sombreros de ala ancha y velos de tul trasparentes; las alemanas e inglesas con diferentes faldas sobrepuestas; las asiáticas vestidas con el *coolie* tradicional pero con grandes aberturas en los costados. Las africanas con sus vestidos multicolores y turbantes.

Las otras mujeres, las que cambiaban de hombre, vestían de manera estrafalaria: pantalones de seda de Jaipur cuyos pliegues abiertos flotaban al aire, ajustadas blusas de piel con pronunciados escotes sobre la espalda o pecho, pulseras en los tobillos y grandes arracadas.

Si algún borracho impertinente las molestaba, había siempre alguien que las defendía.

El conde se había detenido frente al escaparate de una joyería, se quitaba el sombrero y pegaba la cara al vidrio, admiraba con aire de conocedor lo expuesto: empuñaduras de espadas, jofainas, charolas, platones, hebillas, espuelas y otros objetos de plata y oro que yacían en total confusión.

—¡Acompáñeme, Vigneaux! —no esperó mi respuesta para entrar.

La joyería estaba llena de estantes con todo tipo de objetos. A pesar de que el sol entraba por las ventanas, una araña de cristal de bohemia se encontraba prendida. No había ningún dependiente, el conde tomó su bastón, cuya empuñadura recubierta de plata podía ser usada como arma, dio tres enérgicos golpes sobre una vitrina. El encargado y un vendedor llegaron corriendo.

—Bienvenidos a esta su casa, mis señores, ¿en qué puedo servirles? —dijo obsequioso el encargado, un mestizo de piel morena y ojos rasgados.

—Muéstreme esas espuelas —pidió el conde, señalándolas con su bastón.

—¡Ay, señor! —dijo el dependiente—, usted es un hombre al que gusta la calidad, estas espuelas fueron elaboradas en plata pura con incrustaciones de oro para el comandante Jack Hays de los Texas Rangers, quien participó en la guerra con Méjico, las mandó fabricar...

—Señor —interrumpió el conde—, no me interesa para quién fueron hechas ni tampoco su trabajo, y le prohíbo cualquier comentario sobre mi persona. Concrétese a realizar lo que le pido.

El dependiente se apresuró a retirar del escaparate las espuelas, se las tendió al conde, éste las examinó con detenimiento, eran grandes y pesadas.

—Me las llevo. ¿Qué precio tienen?

—En qué moneda va a pagar.

—Pesos mejicanos —respondió.

—Conde, los fondos... —me tomó fuerte del brazo silenciándome.

—Ciento veinte pesos —dijo el encargado.

—¡Es un robo! No importa, me las llevo, me gustan. Hizo unas anotaciones en un papel, se lo entregó al encargado y dijo:

—Lleve las espuelas al Hotel Dix, aquí está la dirección, a la atención del señor Vigneaux, dejaré instrucciones para que el pago le sea cubierto.

—El encargado tomó la tarjeta, la miró, respondió:

—Como desee, alteza. Me permito llamar su atención sobre este collar, quizá desee su alteza halagar a una dama, está realizado...

—Señor —lo interrumpió el conde—, limítese a cumplir mis órdenes, si necesito algo más, yo mismo lo elegiré y se lo haré saber.

—Sí, alteza, disculpe.

El conde sin esperarme y a manera de despedida golpeó con su bastón sobre una repisa, dio la media vuelta y salió de la tienda.

Arrebatado por la ira, salí tras él, estaba parado liando un cigarrillo, lo tomé con fuerza del brazo de tal suerte que la bolsa de tabaco se le cayó.

—¡Por quién se toma! —dije—. ¡Pongamos las cosas donde deben estar! El contrato que firmamos es determinante; usted es responsable de la seguridad de la mina, soy responsable de su ejecución, no sólo soy los oídos y ojos de Jecker, también su voluntad. Los fondos que tengo son para pertrechos de sus hombres y gastos de la expedición. ¡No tiene ningún derecho a utilizarlos para satisfacer gustos de señorito! ¡No honraré su pago!

—La expresión del conde pasó de la sorpresa a la cólera, su cuerpo se tensó, el brazo que agarraba el bastón se hizo para atrás, por una fracción de segundo sus ojos brillaron, pensé que me golpearía. La tormenta desapareció, me miró con curiosidad, como si viera un extraño. Sonrío, levantó su bolsa de tabaco y continuó liando su cigarrillo, lo prendió y exhaló suavemente el humo hacia mí.

—¿Vigneaux, a qué viene ese discurso de mercachifle? ¡Se lo dije, usted no pertenece a nosotros, no está en Francia!

—Lo que está bien o mal, es universal. ¡Disculpe mi franqueza, lo que acaba de hacer está mal!

—¿Qué tiene de malo que use el dinero para lo que me dé la gana? Habla con palabras aprendidas de libros. No ve, no se da cuenta dónde está. Solicitó mi protección para que los apaches no le quiten a usted y a su banquero Jecker el cuero cabelludo, bueno a usted, él no vendrá, está cómodo en la ciudad de Méjico, quitándole dinero a unos para dárselo a otros y volvérselos a quitar, él no arriesga nada, usted sí: su vida.

Me juzga como si fuera una mercancía, un esclavo, alguien que debe de seguir lo que dice un banquero que está lejos, que no tiene ninguna autoridad sobre mí. Lo único que debo proteger son sus intereses. Debo cuidar su vida, a usted y a mis hombres, eso no tiene precio. ¡No se da cuenta de que el dinero está para servirnos! La única autoridad a la que recurre para juzgarme es la regla que dice que debemos obedecer al dinero; lo que sea bueno para él. No distingue entre hombres y mercancías, sólo hay que obedecerlo. ¡Está equivocado!

Traté de contestarle, pero continuó hablando.

—Volvamos al inicio de nuestra conversación, usted viene como los ojos de Jecker pero ni siquiera puede verse; llegó a la ciudad de Méjico representando los intereses de su cliente, cuando se da cuenta de que no puede hacer nada, ¿qué hace? Se pasa al lado del fuerte, del que tiene posibilidades de ganar, del que tiene dinero, lo sirve. Fue desleal. ¿Qué hubieran dicho sus colegas? Una falta inexcusable, nada justificaba que no fuera fiel a los intereses confiados. Sin embargo lo hace. ¿Por qué actuó contra sus valores?

»En la ciudad de Méjico decidió traicionar, el porqué no lo sé. Pero lo que es cierto es que con esta decisión dejó atrás Francia, su forma lógica de pensar y actuar, donde todo está determinado de antemano. Dejó atrás lo que creía ser: abogado respetable; no ve más que su interior, por eso me grita, porque tiene miedo. Es pequeño, Vigneaux, actúa conforme a reglas de su pasado que ya no existen. ¡Aprenda a desaprender, Vigneaux! Nuestro futuro está en Sonora y nada de lo que aprendió le ayudará.»

—Los valores son… —me quedé callado, mis palabras sonaron vacías, pregunté:

—¿Qué debemos hacer en Sonora, cuáles son las reglas?

—¿Por qué habla siempre de reglas?, ¿por qué tiene que haberlas? ¿Por qué no ve otra cosa? Con Jecker no siguió otra voz que la del deber. ¿Por qué se aferra a las reglas? ¡Qué importan!

—Las reglas nos protegen.

—Vigneaux, usted está aquí por lo mismo que todos, pero insiste en vivir en su pasado. ¿Dígame qué regla siguió cuando traicionó a su cliente?... No me lo dice. ¡Se lo voy a decir! La ley suprema a toda otra: el hombre es libre para decidir su propio destino y no aceptar que otro diga lo que tiene que hacer. Su único deber está con Dios. ¡Decidió ser hombre, Vigneaux!

Me quedé callado. El conde siguió fumando. Se detuvo frente a un casino y sin preguntarme, me tomó del brazo. Entramos a una sala rectangular; al fondo, sobre un estrado, una orquesta tocaba un vals, arriba había un cuadro de la bahía con barcos: unos anclados, otros con las velas henchidas porque llegaban y salían. A la derecha había una barra de madera con varios parroquianos, el aire era espeso, olía a perfume y sudor. En el lado opuesto varias mesas de ruleta y de «monte» eran atendidas por croupiers; mujeres jóvenes, vestidas estilo imperio francés con senos orgullosos que luchaban vanamente en saltar fuera del corsé.

—Déme diez pesos, probaremos suerte en la ruleta.

—Se los di. Se acercó a una mesa de ruleta y los puso sobre el número 36.

La mujer dio vuelta a la ruleta y anunció:

—*Rien ne va plus*.

La bola se quedó en el número 15.

—¡Bah! Vayamos con los mejicanos, intentemos una mano de «monte». A medio camino cambió de parecer.

—En otra ocasión, éste no es nuestro día. ¡Tomemos algo!, hace calor.

Nos dirigimos hacia la barra.

—Dos cervezas —ordenó.

Cuando nos pusieron dos vasos de cerveza espumante, el conde me habló de Sonora.

CAPÍTULO II

El Palacio Municipal no se diferencia de las construcciones de Guaymas: rectangular, de un piso, una sola entrada con puerta doble de madera. A los lados, angostas ventanas con barrotes, techo alto soportado por troncos de palmera, paredes pintadas de cal blanca. En el interior, la corte marcial se encontraba reunida para juzgar al conde Gastón de Raousset-Boulbon. Un gran cuarto con piso de duela, sin mobiliario, excepto algunos bancos de madera, ocupados por notables: los comerciantes Manuel Iñigo, José Iberri, Santiago Campillo, José María Maytorena, Francisco A. Aguilar, Filiberto Camou y los cónsules de Estados Unidos y Francia, respectivamente, Juan Richardson y José Calvo.

Atrás, de pie, mezclados con el pueblo, estábamos varios compañeros de armas del conde. A pesar de ser prisioneros, teníamos libertad de movimiento, habíamos jurado no escapar. De todas formas, ¿a dónde? Por mar, sin barco. Por tierra, para cruzar la frontera tendríamos que llegar a San Diego, más de mil kilómetros de desierto. Ni pensarlo.

Los que no habían podido entrar, se aglomeraban en la calle, tras las ventanas y la puerta. En la parte de atrás, sobre un estrado improvisado, detrás de un escritorio de madera, estaban los jueces: el abogado don Antonio Campuzano actuaba como presidente; el secretario, don Luis Arias, subteniente del cuerpo de guardias móviles. Ambos incómodos en sus levitas de paño, miraban agriados la sala. El comandante José María Yánez estaba sentado en un extremo, absorto en trazar garabatos sobre una hoja de papel. La bandera de Sonora desgarrada y negra de pólvora colgaba al lado.

Eran las ocho de la mañana, el aire seco y caliente picaba la piel, la atenazaba. Los hombres tenían pañuelos mojados con los que se humedecían la cara. Las mujeres removían el calor con sus abanicos.

Esperábamos el traslado del conde desde la cárcel situada sobre la misma calle. Llegó con las manos amarradas al frente, rodeado de seis guardias. A su paso la gente expresaba sorpresa, no era el invasor, el pirata, el bandido de mirada torva. Al contrario, caminaba con porte de príncipe: erguido, los hombros hacia atrás, pecho salido, ojos azul cielo, su cabello castaño brillaba con el sol. Miraba como si diera un paseo, mostraba satisfacción, como si las personas estuvieran para aclamarlo.

Los soldados lo dejaron frente a los jueces. Dos guardias se quedaron atrás de él. El resto divididos a ambos lados de la sala. El conde permanecía con las piernas abiertas, miraba desafiante a los jueces. El secretario, incómodo, habló:

—Señor…

El conde alzó las manos enfundadas en guantes blancos, agachó la cabeza pidiendo silencio. El secretario calló.

—Con su permiso, excelencia —dijo el conde dirigiéndose al presidente y hubo risas apagadas entre nosotros—, antes de que inicie este proceso deseo aclarar que no soy señor, como se ha referido el secretario. Me llamo Gustavo Luis Carlos René Gastón Raouls de Raousset. Conde de Boulbon. Noble del Imperio Francés.

El secretario, impaciente, continuó:

—Está preso y va ser juzgado por esta corte marcial del gobierno de su Alteza Serenísima don Antonio López de Santa Anna, presidente de los Estados Unidos Mejicanos. Se le imputa el delito de sedición a fuerzas regulares de la República de Méjico con objeto de atentar contra la soberanía de este estado y de la República. En caso de ser encontrado culpable será pasado por las armas.

—Señoría, debo enérgicamente protestar por la constitución de este tribunal. Él mismo no puede juzgarme. Como aristócrata del Imperio Francés, sólo debo ser juzgado por tribunales y leyes francesas.

El presidente Campuzano intervino.

—¡Conde, basta de pendejadas! Va a ser juzgado porque trató de arrebatarnos lo nuestro y no pudo. Está aquí para responder por sus actos. No más comedia, señor…

—¡Conde!

—Muy bien, como le plazca… ¡Conde!

—Entiendo, excelencia, no quise ofender a la institución de justicia aquí representada. ¡Comprendo por qué estoy aquí! Sin embargo, están cometiendo una falta elemental a mi derecho de procesado. Pretenden que sea juzgado en situación infamante —el conde alzó los brazos atados—. Solicito me permitan asistir a este proceso como lo que soy: ¡un príncipe! Rechazo cualquier acto que atente contra mi dignidad. Mis acciones, deseo aclarar, no fueron para arrebatar nada, sólo para tomar lo que me corresponde: un territorio, despertar a Sonora, que vive hundida en el caos y la ignorancia.

Tomó aire lentamente y con una voz más segura continuó:

—¿Qué diferencia existe entre lo que hice y lo que hace el señor Gándara o el general Urrea? Ellos también se quieren apoderar de Sonora, se disputan su territorio, no conocen la palabra despojo, actúan porque se sienten dueños. Forman parte de la ignorancia que existe y tiene a este país de rodillas. ¿Qué diferencia hay? ¿Ser francés? ¿Un invasor extranjero?

El presidente levantó la mano. El conde volvió a alzar los brazos. Lo dejaron continuar.

—La diferencia es que aposté todo, actué de frente, como lo manda el honor. ¡Fracasé! Ellos son fuertes, no pierden. Traman, actúan hipócritamente y toman lo que pueden, todo les pertenece. ¿Quién les reclama? Ningún tribunal, por supuesto. Ésa es la diferencia. Aceptaré la decisión de este tribunal con la condición de que me permitan defenderme y comparecer con dignidad.

Volvió a levantar las manos atadas, el color blanco de sus guantes resaltaba sobre su piel quemada por el sol.

—Muy bien, Conde —dijo Campuzano—, concedo su petición… A ver, tú, Juan, chíngale la reata al gabacho.

Un indio yaqui se acercó y de una cuchillada rompió las ataduras.

—¡Gracias, señoría!

Yo hubiera deseado aplaudir pero habría sido una provocación. Lo mejor era permanecer callado.

—¡Señor secretario!, deponga las palabras del Conde en las que acepta la decisión de esta corte. Lo que se decida es ley —agregó el presidente.

—La corte marcial me juzgará por mis actos, pero no la pureza de mi conciencia.

El presidente tomó un legajo que estaba en el centro de la mesa, con voz pausada leyó:

—Resuelta la petición del prisionero y en virtud de los poderes que me confiere la ordenanza militar número trece emitida por el comandante general del estado de Sonora, don Manuel Blanco, el uno de agosto de de 1850, declaro formalmente reunida esta corte. Leídos los cargos de sedición a soldados de las fuerzas regulares que se le imputan, solicito al prisionero manifieste por qué razón provocó los hechos violentos el 13 de julio de 1854. Suplico al señor secretario tome nota de lo declarado.

El Conde con voz ronca y clara dijo:

—Vine a Sonora contratado por el señor Juan Bautista Jecker, quien actuó como representante de la Compañía Restauradora de la mina de la Arizona, propietaria de la mina Planchas de Plata, ubicada cerca de Sáric. Debía tomar posesión de ella, proveer el beneficio de plata y protegerla de los apaches.

Miró a los asistentes, siguió con su discurso.

»Debido a la oposición del gobernador José Aguilar y del comandante general del departamento de Sonora, don Manuel Blanco, para que asumiera justa posesión de la mina, aunado al estado de anarquía que reina en Sonora, decidí tomar con mis manos su destino.

»Busqué establecer un país monárquico, próspero, fuerte, con orden, que hiciera frente al poderío creciente de Estados Unidos y que ofreciera dignidad a sus habitantes.»

Su postura era erguida, su cabello ondulado echado hacia atrás, sus ojos radiaban destellos azul celeste. Con gestos breves acentuaba sus palabras, las enaltecía con los brazos levantados, o las suavizaba con sus brazos lánguidos a sus costados.

—Lo que necesita Sonora es unión, los franceses y mejicanos lo haremos… Crearemos una nueva raza que romperá con el pasado. La raza mejicana está por nacer. Ahora son dos: la indígena y la criolla, ésta se siente con derecho a quitarle a la otra su tierra, su riqueza. Sonora no quiere ser otro Tejas. Anglos emigran, se independizan y luego solicitan su anexión a Estados Unidos. Perdieron la guerra y la mitad de su territorio. Las razas criolla e indígena se desangran, mientras al norte, su vecino crece y se desarrolla. Todos ustedes lo saben, aunque no hablen de ello, el apetito por más territorio no ha terminado. Si no se contiene el expansionismo americano, en diez años no se disparará ningún cañón sin su consentimiento. Sonora vive con miedo a los apaches, a los forajidos, a los préstamos forzosos, pero sobre todo, con temor a su vecino del norte, a las emigraciones masivas de anglos.

Hizo una pausa como si quisiera poner énfasis en las palabras que iba a pronunciar.

—Nadie es dueño de Sonora, nadie ejerce dominio. Sonora es territorio libre para quien se atreva. Los americanos lo codician, yo también. La política sonorense no es más que lucha de intereses particulares para beneficio del ganador.

Movió la cabeza de un lado a otro y su cabellera castaña apenas se desordenó.

—Repito mi pregunta: ¿soy diferente de los políticos que quieren dominar a Sonora? Tomé lo que por derecho me corresponde. Tengo título de propiedad legítimo de la mina Planchas de Plata, cuando llegué a Sonora fui respetuoso de las autoridades, pero éstas sólo me mostraron desprecio. No tuve más remedio que luchar en su contra, imponer lo que por mi cuna soy: rey. Busqué para Sonora y para mis compatriotas de San Francisco la felicidad, la que únicamente sienten los hombres y las mujeres libres. Fracasé. Eso es todo.

Campuzano intervino:

—Asentada en el acta la declaración del Conde, esta corte marcial debe asegurarse el derecho a la defensa del acusado. Conde Gastón de Raousset-Boulbon, le informo que tiene el derecho a nombrar a un letrado de confianza que hable por usted ante este tribunal.

El Conde sopesó las palabras del juez. Dio la espalda al estrado, me arropó el azul de sus ojos.

—Nombro como mi defensor a Ernest Vigneaux, quien es abogado en París. Ha actuado como mi secretario.

El presidente me preguntó:

—¿Acepta usted, Ernest Vigneaux, el cargo de defensor?

—Sí, su señoría.

—Secretario, tome nota: se acepta como defensor de Gustavo Luis Carlos René Gastón Raouls de Raousset, Conde de Boulbon, noble del Imperio Francés, al abogado Ernest Vigneaux.

—Como prisionero tengo el derecho a solicitar ante usted, presidente, que de acuerdo a las condiciones en las que estoy detenido, se me otorguen los efectos personales que hagan mi estancia menos rigurosa.

—Es correcto —le aseguró Campuzano—. ¿Qué desea, Conde?

—Papel, pluma, tinta.

—¿Es todo?

—Sí, excelencia, es todo.

—Personalmente le proveeré lo solicitado… Siendo las nueve treinta horas de este 7 de agosto de 1854, declaro terminada la sesión —sentenció el presidente—. Ayudantes, ¡regresen al prisionero a su celda!

* * *

El general Yánez me permite dormir en el techo de la prisión. Acostado, desnudo, envuelto en una sábana mojada, tengo ilusión de frescor, mi cuerpo descansa, fumo contemplando las estrellas y me pienso feliz, pues he perdido todo. Nada me ata, sólo las palabras que no dije.

He podido salir de mi propia prisión. ¿El delito?: haber merecido el desprecio de mi padre. Tenía que pagar, redimirlo, realizar lo que él no hizo, volver a ocupar un trono. Actué sometido al deseo de recuperar los privilegios de nuestra clase, perdidos por mi padre, fui esclavo de este deseo.

Te abrazaba pero sólo oía la voz que me hacía ir adelante. Era fiel a mi pasión: sordo y ciego. Me quitaste todo lo que tenía,

Maonia, y me devolviste la libertad. Sin nada que perder, puedo volver a empezar, llegar a ti como hombre nuevo, pegarme a tu cuerpo, desnudarte, escribir sobre tu piel con besos y caricias mis palabras. Volver a conquistarte.

Estoy en la cárcel de Guaymas, con mi soledad, ya no tengo nada que probar. Sólo cumplir la profecía de la gitana.

Yánez no sólo ha sido un caballero respecto a mis movimientos en prisión, también me ha permitido conservar el puñal que me diste. Acaricio su puño de cuerno de venado. Recuerdo nuestra primera visita al desierto… El sol era fuego cuando salimos de Guaymas. Al pasar por la primera montaña, nubes de agua la ocultaron. Antes que la lluvia cayera, nos refugiamos bajo un viejo mezquite. Amarramos los caballos y nos arropamos bajo un pedazo de tela encerada. Sacaste de una alforja una caja de madera con incrustaciones de marfil: una tabaquera. Escogí un puro corto y ovalado. Nos pusimos a fumar en silencio.

Sin voltearme a ver, dijiste:

—La gente las llama tetas de cabra, parecen mamas chupadas, pero en realidad son los colmillos de la serpiente Suawaka. Hace muchos años, millones de años, la serpiente de siete cabezas Suawaka vivía cerca de Guaymas. La tierra era su madre, el sol su padre. Suawaka ofendió a la tierra cuando mató con un arpón de fuego a la serpiente So'ori, que cada siete años salía del mar en medio de tremendo viento y mareas. Ante el crimen, la tierra colérica se abrió; de sus entrañas salieron fuego y rocas. Lo único que quedó de Suawaka fue la punta de sus colmillos. Los yaquis la llaman Takalaim. Por eso en el amanecer, las crestas de las montañas de Guaymas se tiñen de rojo. Es la sangre de Suawaka, sólo aparece unos momentos, huye ante el sol.

Te arrodillaste, tomaste tierra mojada con las dos manos, la esparciste al viento.

—¿Qué es eso?

—Le pido permiso al desierto para entrar.

—¡Tontería!

—¡No! Entramos a otro mundo. El desierto es lucha, Gastón. En él no hay amabilidad. Nosotros no lo modificamos. No imponemos ni transformamos, sólo luchamos para vivir.

»Vivimos regidos por el sol. Dueño indisputable. Él seca y destruye. Como las plantas, como los animales, aprendemos a escondernos. El desierto es un juego de engaños. Se aprende a burlar el sol.»

La lluvia cesó, continuamos nuestro camino, nos dirigimos hacia una cañada de rocas desgarradas, las paredes formaban cuevas, refugio de animales. Protegíamos nuestras piernas con chaparreras de cuero, aún así, avanzábamos despacio debido a que toda la maleza estaba llena de espinas.

Aparte de los arbustos espinosos había árboles de delgadas ramas. Mientras los caballos avanzaban, sin dirigirte a mí, señalabas con la mano arbustos de extraños nombres: torete, mezquite, palo fierro, ocotillo. Los cactus, guardianes solitarios: pitahaya, cardón, cholla, mi favorito, el saguaro, vive doscientos años, en él serpientes y pájaros construyen sus nidos, escarban, hacen un agujero en las paredes carnosas, con el aire se vuelven duras. Una buena casa.

El calor seco evaporaba el sudor. Me sentía exasperado por las dificultades para avanzar.

No había camino, pero encontrabas por donde pasar.

La ladera se hacía cada vez más abrupta. Los caballos avanzaban a tropezones sobre las piedras del lecho de un río seco. Llegamos a lo que era el fin: un triángulo donde el terreno se nivelaba. A nuestra derecha la montaña nos cerraba el paso. A la izquierda las paredes se abrían, dando lugar a otra cañada. Desmontamos, atamos los caballos a un ocotillo, la tierra estaba agrietada, cubierta de hierba quemada por el sol, me conmovió que el árbol tuviera retoños, aún en esta región inhóspita, la vida renacía.

Una codorniz de cola blanca y sus crías emprendieron el vuelo, llenando el aire de susurros.

Quitaste las alforjas al caballo, todas las pulseras de plata de tu antebrazo chocaron, el sonido metálico en la soledad de la cañada me recordó que venimos de otro mundo. Mientras prendías una hoguera para el café, imaginé tu cuerpo: piernas delgadas, firmes, acostumbradas a mandar el caballo, ¿tus ojos?, difícil saber el color, parecía que cambiaba del verde al gris. Tu cara curtida por el sol contrastaba con la piel blanca y moteada del inicio de tus senos. Sorprendiste mi mirada. Te ocultaste.

Nos sentamos sobre un sarape. Encima de una hornilla pusiste a calentar agua. Me pasaste una botella de un licor de color verde claro, lo probé. Sabía a mezcal pero perfumado con alguna hierba.

—¡Muy bueno!

—Mezcal.

—No había probado nada parecido.

—Ni lo probarás, lo preparé macerando corteza de torote prieto.

El sol había perdido su fuerza; una bola amarilla inundaba con suavidad nuestro pedazo de desierto. Cuando el agua hirvió, la sacaste del fuego, echaste un puño de café molido, un momento después, con un cedazo de tela colaste el café y me tendiste una taza. Primer sorbo: tostado, espeso, una caricia. Me diste tu cuchillo.

—¿Qué?

—Un regalo.

—¿Una prenda?

—No, un regalo, o lo que quieras que sea.

No hablábamos, tomábamos café y mezcal. Imaginaba tus caderas fundidas en la roca.

No pude retenerme. Con la boca seca te pedí. Me miraste severamente pero no dudaste. Lentamente te paraste frente a mí, te desvestiste, tu ropa quedó a tus pies, como pétalos marchitos.

Desde el suelo te miraba desnuda. Tus piernas plantadas firmemente sobre la tierra, como si salieran de ella, el vello de tu pierna era un suave tapete G que iniciaba en las pantorrillas, a medida que se acercaba a la ingle, se encrespaba, se rebelaba, se volvía una maraña de seda oscura, un triángulo reluciente. Como si tuviera aceite. Me levanté para tomarte.

—No, no me puedes tocar.

Con tu cuchillo cortaste un pedazo de cuerda.

—Acércate, Gastón, pon tus manos atrás, voltéate, desnúdate.

Obedecí. Me amarraste las manos.

—Sólo con tus labios me puedes tocar.

Me dejabas tocarte y huías entre risas, me dabas la espalda, ocultabas tu cara en tu cabello negro azabache, besaba tus senos salpicados de pecas. Puse mis labios sobre tu cuello, era la parte más desprotegida, quizá la más olvidada de tu cuerpo. Buscaba respuestas, me hacía preguntas, sentí cómo desde ahí partían sacudidas que te hicieron caer. Tu piel se abrió exhalando un perfume dulce y seco como resina.

—Maonia, cuando me tocas con tu mirada me pierdo.

—Sólo deséame, Gastón. Recoge con tu boca lo que queda de mí después de que me tocas. Piérdete y encuéntrame. Siente, siente hasta que te asfixies y tu semen quede sobre esta tierra seca. ¡Fecúndala Gastón!

¡Qué silencio, Maonia! No era yo quien te deseaba, ni era mi cuerpo que se desnudaba ante ti. Tampoco era mi boca la que te besaba. Era otro el que buscaba cambiar el destino que la gitana me dijo estaba escrito en el firmamento, el que tenía que conquistar un reino para ser hombre.

—El semen que te doy es desencanto.

La noche se instalaba, el cielo era tela despintada.

Abajo, murciélagos revoloteaban.

Capítulo III

Al mediodía, la piedra del muelle quemaba los pies. Guaymas era el lugar de encuentro con el conde, éste venía de San Francisco con doscientos cincuenta hombres.

La primera impresión que tuve de Guaymas fue de desolación. Al amanecer, el sol iluminaba montañas de piedra que rodeaban el puerto; ruinas ciclópeas de color rojo, bordes desgarrados de aristas filosas. La bahía me hizo pensar en un anfiteatro; la ciudad fue el escenario de luchas titánicas.

Al mediodía, como los animales, la gente se retira a la sombra de casas de altos techos y amplios cuartos amueblados con lo esencial: mesas, sillas, arcones para guardar ropa. La ciudad duerme aplastada por los rayos del sol. Una Siberia del desierto, cuarenta grados a la sombra.

No se ve gente, no se oyen ruidos, sólo el chasquido de las pezuñas de los asnos de los aguadores. En Guaymas no hay agua ni arroyos, este líquido lo proveen los aguadores quienes, por lo general, son indios yaquis. El agua se carga a los lados del animal en odres de piel no curtidas que conservan pedazos de pelo, parecen apéndices del borrico. Los aguadores se visten con una camisa abierta, pantalón arremangado hasta la rodilla, un paliacate y un delgado sombrero cubre su cabeza. Una vez terminada su entrega, se sientan al revés en la grupa del animal, prenden un cigarrillo y dejan que el animal los regrese a los manantiales que están en San José, un villorrio a pocos kilómetros de Guaymas.

Me hospedé en casa del señor Panetrat, cocinero francés contratado por un restaurante de Guayaquil, su barco proveniente de San Francisco tuvo una avería y fondeó a repararla en Guaymas. Panetrat bajó a tierra, siguió el movimiento de las redondas caderas de una sonorense y no tuvo fuerza para continuar; encalló. Tenía la taberna donde mejor se comía y bebía. Vivía rodeado de una tribu de niños gritones.

Le informé de mis planes, puso a disposición su casa para recibir al conde. También me sugirió con quién deberían quedarse los acompañantes del conde. No había muchos lugares donde hubiera acomodo. Panetrat se quedó por un momento en silencio con la mirada perdida.

—¡Claro!, está la casa de la señora Maonia, es el mejor lugar de Guaymas.

La casa se concentra en el patio, es el desierto ordenado por ella. En medio hay un viejo mezquite frondoso cuya sombra es el núcleo de todo. En una esquina está un torete con un palo verde. En la otra se encuentran los cactus: el saguaro solitario junto a los brazos prolíferos de la pitahaya; el redondo barril con la delgada y remilgosa cholla.

El patio es extravagante, gasta un odre de agua en regar los cactus, los incita a estar en constante floración; flores de brillante amarillo; violetas con pistilo rojo carmín. Desde la sombra del mezquite la mirada se pierde en las montañas.

—Desafortunadamente la señora Maonia sólo recibe mujeres en su casa. Es una viuda que se ha ganado su lugar en esta tierra de machos.

—¿Una viuda?

—Sí, de veintinueve años.

Se quedó un rato en silencio. De repente soltó:

—Para los demás hombres no hay acomodo. Deberán hacer enramadas: postes de madera con techo y paredes de palma, ahí podrán colgar hamacas. El mejor sitio es la playa, al oeste, bajo el viejo fuerte. También tendrán que proveer agua, situación que para tanta gente no es cómoda. Deberá asegurarse veinticuatro horas una columna de aguadores.

No era problema, pues teníamos pesos que Jecker nos adelantó para los gastos.

Al atardecer, el sol es agradable compañero. Cuando esto sucede, brota la alegría: hombres y mujeres se reúnen en grupos, siempre con una guitarra, fuman, cantan y beben.

La vida empieza a la seis de la mañana y termina a las once. De las cinco de la tarde en adelante, la ciudad vive. Se visitan amigos o se terminan negocios. Las puertas se abren de par en par y pueden verse patios sombreados por mezquites. Todas las casas son cuadradas o rectangulares, paredes de adobe, techo alto y vigas de palmera; grandes espacios, lo pequeño no existe, el calor lo asfixiaría. Al frente, dos ventanas con reja, en lugar de vidrios tienen hojas de madera que se abren hacia adentro.

El mercado situado junto al mar, debajo de un cerro, es el punto más animado, lugar de encuentro de mestizos, criollos y yaquis. Todas las mañanas, en canoas, el mercado se surte de pescado, frutas, hortalizas. El trigo con el que hacen deliciosas tortillas blancas, piloncillo y mezcal viene de Hermosillo. Café, seda, papel, azúcar refinado, cacao, té, alcoholes, vinos, conservas, periódicos y manufacturas americanas, llegan por barco.

Guaymas tiene mejor bahía que San Francisco. Puede recibir al mismo tiempo 500 o 700 barcos. Desafortunadamente falta infraestructura que permita acoger más de las cinco embarcaciones que llegan al mes.

La ciudad tiene forma de estrella. De la plaza, junto al muelle, sale la calle principal que atraviesa la ciudad: es el camino a Hermosillo, sobre esta calle está un fuerte, la taberna Sonora y la cárcel. La segunda calle sale también de la plaza, va hacia el cementerio. La tercera corre en forma vertical a las otras dos, inicia en una plazoleta y se dirige al monte del Calvario.

La *crème de la crème* son los comerciantes, todos extranjeros: ingleses, españoles y franceses, o bien criollos principalmente descendientes de familias del norte y noreste de España. Es una sociedad cerrada, sus hijos se casan entre ellos, no admiten a nuevos miembros excepto si provienen de Europa. Guaymas es la puerta de Sonora: alejada del centro, sin caminos ni ferrocarril, vive del comercio marítimo.

La ciudad estaba de fiesta por la llegada de nuestros compatriotas procedentes de San Francisco. Los restaurantes y las tabernas bien proveídas de mezcal, cerveza y vino. Era una ocasión para que se organizaran bailes y tertulias en las que las mujeres podrían lucirse, y tenían con qué: altas, esbeltas, con porte de reinas.

Cuando la nave llegó, las campanas de la iglesia empezaron a sonar. Los franceses desembarcaron fusil al hombro. Quedaron en posición de firmes. Llegó un hombre con un estandarte: la cruz de los cruzados sobre fondo azul. Otro, delgado, de facciones finas y gran mostacho prusiano que venía atrás, se adelantó.

—¡Compañía! ¡Atención! ¡Presenten armas!

Los hombres armaron bayonetas sobre el fusil.

El comandante general de Sonora, Francisco Blanco, dio la media vuelta y se alejó junto con los militares que lo acompañaban. Los franceses vestían de manera estrafalaria: unos tenían levitas, otros lucían traje completo y botas de minero, los más llevaban cortas chaquetillas tipo andaluz, camisas y pantalones amplios, y botas de piel sin curtir. Sentí que estaba presenciando una farsa, pero sabía que no era así, en realidad representaban lo que era su vida. Varias personas también tuvieron mi misma impresión, se asustaron, esperaban trabajadores y no a un grupo armado en formación militar bajo una bandera extranjera.

Finalmente desembarcó el conde con su melena de león, sus manos enfundadas en guantes blancos de piel de ternera. Pasó en silencio en medio de doscientos cincuenta hombres, quienes lo recibían con honores militares. Me adelanté a saludarlo, nos estrechamos las manos.

—Espero haya tenido un buen viaje.

—¡Bahh! —hizo una seña con la mano como si mi pregunta no mereciera respuesta.

—He provisto lo necesario, Conde.

—¡Vigneaux! —dijo como si apenas hubiera notado mi presencia—, condúzcame a mis aposentos.

Esa noche no hubo fiestas, los habitantes se encerraron en sus casas, la ciudad quedó desierta.

* * *

La oportunidad de venir a Méjico se presentó en mi oficina una tarde gris, lluviosa y fría, de un 12 de febrero de 1853. Recibí al señor Hyppolite Pasquier du Martin en la biblioteca del despacho de mi padre, donde trabajaba. Un amplio salón de tres ventanas que daba a un patio interior cuyos muros estaban cubiertos por estantes de nogal repletos de libros de gastados lomos de piel, una gruesa alfombra verde oscura, tapetes orientales y sillones de piel daban un ambiente confortable y seguro. Un ligero olor a tabaco envolvía el lugar. En una esquina, una cantina de encino albergaba la selección de licores. Sobre una mesa, un humidificador con habanos y una caja de chocolates belgas que nos enviaba regularmente una prima de mi padre. Era un espacio para reconfortar penas y propiciar confesiones.

El señor Pasquier du Martin tenía un cuello de toro, mejillas sanguíneas sobre piel blanca, encima de su nariz se delineaban varias venas azules, una enorme melena blanca me recordó una figura mitológica. Su voz era grave, seguramente producto del tabaco, fumaba en forma constante: alternaba puros y cigarrillos de tabaco negro.

Después de las presentaciones de cortesía entró de lleno al motivo de su visita:

—Abogado, necesito que recupere mis derechos sobre una concesión que me otorgó el gobierno de Sonora sobre una parte de su territorio —metió la mano a un enorme y gastado portafolio de cuero y extrajo un documento lleno de sellos.

—¡Sonora! —repetí en voz alta.

—Sí —dijo mi cliente—. Está en Méjico.

—¿Desea usted un armagnac?

—Gracias abogado, prefiero whisky.

Mientras servía las copas y le acercaba un sifón al sillón donde se había instalado, recordé la novela de Paul Duplessis, *La Sonore, les chercheurs d´or, un monde inconnue*[1], la cual me había revelado el mundo que soñaba. Desde entonces, algunos domingos al atardecer caminaba junto al Sena y luego me senta-

---

[1] Sonora, los buscadores de oro, un mundo desconcido.

ba en la terraza de algún café, prendía un cigarrillo, seguía con la vista las volutas de humo que se dispersaban. Me imaginaba cabalgando entre inmensos pastizales bajo un sol ardiente, desayunando café, carne seca y mezcal; caminando por calles que huelen a pan de trigo recién horneado; comiendo en mesas pletóricas de plata pura. Bastaba agacharse en los ríos para recoger pepitas de oro. Se decía que en Sonora había tanta plata que hasta los apaches utilizaban balas de plata para matar conejos.

Me serví un armagnac y escogí un sillón frente a mi cliente, estiré las piernas, comencé a leer el documento que tenía en mis manos. Estaba fechado el 11 de abril de 1850, firmado por el gobernador de Sonora, José Aguilar. Le concedían una concesión de tierras de doscientos mil kilómetros cuadrados.

—¡Doscientos mil kilómetros! ¡Es casi la mitad de Francia! —exclamé.

—Así es —respondió Pasquier du Martin echando por la boca una gruesa voluta de humo gris.

Volví al documento, el señor Hyppolite Pasquier du Martin, ciudadano francés, tenía derecho a explotar dicha extensión de tierra, incluyendo cualquier yacimiento minero que fuera descubierto. Se le otorgaba la nacionalidad mejicana, podía importar sin pago de aranceles toda la maquinaria y herramientas que quisiera, exonerado de impuestos por cincuenta años y con el derecho a portar armas para él y los colonos. Derecho a la defensa, se decía. La única obligación era poblar el territorio con franceses.

—Muy favorable su concesión —afirmé—, pero no entiendo por qué Sonora le otorgó toda esta extensión de tierras y su plata sin ningún pago, con la única condición de llevar franceses para que se instalen en esa región.

Mi cliente sonrió de manera irónica.

—Mire abogado, el país es un caos: desde su independencia de España, en 1821, hasta hoy, treinta y tres años después, Méjico ha tenido más de cincuenta presidentes, un emperador, promulgó tres constituciones, ha sido república federalista y centralista. Sus fronteras abarcaban: al norte, hasta los estados de Nevada, Utah, Colorado, Alta California, Arizona, Nuevo Méjico y Tejas. Al sur hasta Nicaragua. En tres décadas, perdió más de dos millones de kilómetros cuadrados. No hay quién decida; aislados como están no podrán hacer nada, sin emigración francesa están perdidos, no serán capaces de detener la ambición de su vecino del norte. Estados Unidos se está convirtiendo en una gran potencia y tiene que crecer, está recibiendo mucha inmigración, para eso necesita más territorio y Méjico está ahí, vacío. Permítame que le diga abogado —continuó mi cliente—, Estados Unidos necesita anexar parte de Sonora y Chihuahua, son la puerta del Atlántico al Pacífico para sus estados del sur.

Apagó el habano, de un trago acabó con su whisky, prendió un cigarrillo.

—La mejor ruta de Tejas a California pasa por los estados del norte de Méjico. Vea usted este mapa —dijo extendiendo sobre la mesa del centro un croquis del norte de Méjico y sur de Estados Unidos—. Para ir de Misuri a California se tienen que atravesar dos cadenas montañosas, ¡vamos, las Rocallosas!, lo que hace que el viaje sea muy peligroso y tardado; en cambio desde Tejas transitando por el Paso del Norte y el Paso de Guadalupe, se llega a Tucson, Sonora, desde ahí no hay obstáculo para llegar a San Diego, California. Las empresas ferroviarias están interesadas en una línea de ferrocarril. Piense abogado —siguió hablando—, los Estados Unidos ya tienen lo que querían, la salida hacia el océano Pacífico: California. A pesar de esto, no quedaron satisfechos. El tratado de Guadalupe-Hidalgo con el que pusieron fin a las hostilidades, firmado en diciembre de 1848, no fue satisfactorio. ¡La mitad del congreso americano desea más territorio!

El señor Pasquier du Martin se tomó un tiempo para darle una calada al cigarrillo. Envuelto en una nube de humo continuó:

—Trabé amistad con el comandante de San Francisco, John Wool, quizá después del general Winfield Scott, quien dirigió la invasión a Méjico, es el militar más capaz de la armada norteamericana. Me confió que por instrucciones de Washington, mandó hacer el trazado de la ruta hacia California, pasando por el norte de Sonora. Dos años antes de la guerra de 1848, los americanos sabían que la mejor ruta entre Tejas y California pasa por Sonora. Este estado es la llave del oeste. Los norteamericanos absorben y transforman, invaden y no sueltan. Sin franceses, el próximo estado de la Unión será Sonora.

—Contra esta fuerza, ¿qué puede hacer Méjico? —pregunté.

—Nada —respondió Pasquier du Martin—, tiene una escasa población de nueve millones de habitantes, de los cuales sólo dos millones son blancos o mestizos para un territorio de más de dos millones de kilómetros cuadrados, una casi nula inmigración y altísima mortalidad infantil. Su economía sigue siendo igual que en la colonia: haciendas de subsistencia, minas y aduanas. No hay líneas ferroviarias, el transporte se hace por caballos y mulas. Tiene un déficit de tres millones de pesos anuales. En otras palabras, sin población y sin dinero no podrán parar la expansión americana. Los americanos se apropiarán de su territorio. Para hacerles frente, Méjico necesita emigración europea, gente que se asimile, se adapte, aporte su industria y pueda defender sus fronteras. Algunos años atrás, Sonora emitió la ley 141 autorizando la inmigración, únicamente a europeos. Debían establecer colonias militares. El gobierno les daría tierras y aperos de labranza para su cultivo. Algunos franceses respondieron. El marqués de Pindray vino con un centenar de hombres de San Francisco y se instaló en la antigua misión de Cocóspera. Las condiciones no fueron fáciles: trabajo rudo, falta de comodidades, inseguridad, los apaches los hostigaron día y noche, la comunicación con el gobierno fue desastrosa y se propició la desconfianza entre ambos. No entregaron lo que habían prometido, sospecharon que los colonos no tenían intenciones de respetar el convenio, en vez de colonizar las tierras se dedicarían a prospectar minas de oro para saquear sus vetas. El marqués de Pindray murió asesinado, se sospecha que a manos de sus propios hombres.

—¿Qué sucedió después, hubo más emigrantes?

—No.

—¿Y el gobierno central de Méjico no quiere inmigración, no comparte el deseo de Sonora de preservar su territorio de una inmigración de anglos, no le importa perder más territorio? —volví a insistir.

—Al gobierno central le importa un bledo lo que pase en el norte, a Sonora la tienen abandonada. Durante el imperio español, los territorios del norte no le interesaron. Los indios son guerreros, nómadas, no sabían de minas, pensaron que eran regiones improductivas. Sólo los jesuitas se trasladaban allá para colonizar y establecieron colonias fortificadas que llamaron presidios donde evangelizaban y educaban a los indios, les enseñaban agricultura para que abandonaran su estado nómada. Hubo cierta prosperidad alrededor de los presidios. Fueron ellos los verdaderos colonizadores. Posteriormente hubo emigración del norte de España, nació una clase criolla próspera, urbana, que se dedicó al comercio y a la agricultura; también a la minería cuando se descubrieron importantes yacimientos de oro y plata. El centro, incluso cuando pretende auxiliar a Sonora, la perjudica; manda oficiales inexpertos en guerra india. Más que ayudar, entorpecen.

—¿Por qué nosotros los franceses podremos salvar a Sonora de la anexión a los Estados Unidos? —pregunté.

El señor Pasquier du Martin apagó el cigarrillo y prendió un habano. Se levantó y se sirvió otro whisky.

—Somos raza hermana a la mejicana, nuestro espíritu latino, nuestra cultura hará la vida agradable a Sonora. Llevaremos el código civil y las instituciones. Estamos lejos del espíritu material de los americanos, pero los conocemos. Como franceses podemos aprovechar lo bueno de las dos culturas. En Francia se vive a la sombra del Estado, en Estados Unidos se asocia uno con todo. Es una despersonalización del individuo, pero la asociación hace la fuerza. Nos uniremos con los sonorenses, aprovecharemos su entusiasmo, su bondad, domaremos su fuerza. Haremos una Sonora fuerte.

—¿Su interés es patriótico?

—Sí, deseo que Francia ocupe el lugar que le corresponde: líder y defensora de la América Latina frente a la América anglosajona. No se trata de oponernos a los americanos —sonrió—, solamente les venderemos la concesión de ferrocarril. Seamos prácticos, los americanos conseguirán la línea de ferrocarril, tendrán acceso al Pacífico desde Tejas y Arizona. Es una necesidad. Las tierras valdrán fortunas. Con un ferrocarril podremos explotar minas, establecer agricultura, nuestros productos podrán salir al mundo. Estamos hablando de extensiones de tierra igual a la mitad de Francia. ¡Reflexione abogado!: Francia en América. Dejemos en el norte a Quebec, el comercio es con pieles, aquí de lo que se trata es de minas de oro y plata.

—¿Qué pasó con su concesión? —pregunté.

El señor Pasquier du Martin se pasó su mano izquierda por su cabello color plata, tiró con fuerza la ceniza del habano en el cenicero, le dio un trago a su whisky y levantó los hombros.

—Fue revocada por el gobierno federal. Un tecnicismo. La Suprema Corte de Méjico, interpretando la constitución, determinó que la colonización no depende de decisiones de los Estados sino de la Federación, por lo tanto mi concesión otorgada por Sonora fue anulada.

Me levanté, me serví otro armagnac. Sonora. Guaymas. Nombres extraños, de fuerte consonancia. Estaba mareado, no precisamente por el armagnac, sino por la posibilidad que se abría ante mí. ¡Realizar la profecía de mi madre! «Ernest, un día conocerás esos lugares». Encontrar ese territorio lejano, cálido, dibujado entre brumas donde sería inmensamente rico. Me ganaría mi propio respeto. No seguiría los pasos de la tradición que me llevó a continuar con la carrera de abogado que había iniciado mi abuelo. Podría ser admirado y aceptado por mis propios medios. Sería libre, haría lo que realmente quería hacer. Supe que ésta era mi oportunidad. ¡Tenía que ir a Sonora!

Me levanté y fui de nuevo hacia el mapa que yacía sobre la mesa del centro, prendí un cigarrillo de tabaco turco. Méjico tiene una frontera con Estados Unidos de más de tres mil kilómetros. Un territorio de aproximadamente dos millones y medio de kilómetros cuadrados. Sí, sólo contaban con dos millones de hombres, y no tenían dinero...

—¡Tiene razón, señor, sin nosotros, Méjico dependerá de Estados Unidos!

El señor Pasquier du Martin por primera vez sonrió.

—No, si logro recuperar mi concesión. Entonces podremos atraer a franceses.

—¿Qué tan rápido se pueden rentabilizar los terrenos; conseguir moneda fuerte?

El hombre se volvió serio y me respondió:

—Se dice que en Sonora hay minas fabulosas. El señor Ward, quien fuera el agregado comercial de la Legación Británica en Méjico en 1827 afirmó que en Sonora había más riquezas minerales que las que produjo Nueva España. Con pocos años de diferencia, el rey de Francia le encomendó al señor Duflot de Mofras, encargado de negocios de la Legación Francesa en Méjico, que hiciera una investigación para conocer la riqueza de la costa oeste de Méjico. Duflot confirmó a Ward. En Sonora hay oro y plata. ¡Estoy convencido! Las dos grandes potencias lo dicen. Ahí está la respuesta, dependerá del tiempo en que demos con una mina que financie lo demás.

Prendí otro cigarrillo y me quedé pensando. ¿Minas? ¿Si fuera cierto no estarían siendo explotadas por alguien? Al fin y al cabo el señor Pasquier du Martin había perdido el título legal.

—¿Qué posibilidades hay de que las minas hayan sido o estén siendo explotadas por otro? —pregunté.

—¡Imposible! Mire abogado, es un territorio inmenso, no está poblado, los apaches atacan a cualquiera que se adentre. Es el caos, nadie tiene la fuerza y la organización para hacer el prospecto de vetas minerales, mucho menos explotarlas. No piense usted que existen caminos por donde pueda sacarse el metal. Tampoco basta hacerlos, hay que pacificar la región y construir un muelle en Guaymas para que vengan grandes barcos. No hay nadie en Sonora capaz de llevar a cabo esta tarea. Están desunidos por cuestiones de riqueza, raza y educación. Existen propietarios de ranchos con ochenta mil cabezas de ganado, mientras otros no tienen para comer. Abogado: Méjico está herido, sin control sobre su gente ni sobre su territorio, es un pueblo dividido por la herencia colonial. El gobierno creó medios sumamente ruinosos para que se hagan fortunas colosales, pero sólo para unos pocos.

Bebí un trago, aspiré con avidez el humo del cigarrillo, dejé que saliera voluptuosamente por la nariz y boca.

—Sí, imposible que nos hayan ganado. ¡El oro y la plata, están ahí!

Me serví otro armagnac, la cabeza me daba vueltas. De la caja de puros, tomé uno, corté un extremo, lo prendí. Era un puro de cuerpo maduro y cremoso. El tiempo se alargaba, una extraña calma aflojaba mis piernas, me sentí cansado como si estuviera cargando un fardo demasiado pesado, al mismo tiempo todo lo que tenía que hacer estaba claro. Me senté en un sillón de cuero y sin esforzarme pregunté:

—¿Cómo puedo ayudarlo a recuperar sus derechos? Sonora está muy lejos, no conozco las leyes mejicanas.

—En Méjico no son las leyes las que resuelven los problemas, sino los hombres. Deseo que vaya usted a Méjico, a Sonora si es necesario. Usted puede hablar, convencer a un juez o gobernante de que nosotros somos el progreso, la unión que puede levantar a Méjico. Están perdidos. Encuentre la manera de revertir la concesión o vuelva a solicitar una nueva, eso se lo dejo a su discreción. Su padre y su abuelo se distinguieron no precisamente en asuntos fáciles, vine con usted porque sé que estará a la altura de su linaje.

—Agradezco su confianza. Mi deber será no traicionarla.

—Como honorarios, recibirá una participación cuantiosa.

—Agradezco su confianza.

Nos levantamos y brindamos con nuestras copas.

—¿Por dónde comenzamos?

—Lo primero que tiene que hacer en la ciudad de Méjico es contactar a Juan Bautista Jecker, con él podrá usted discutir la mejor manera de recuperar mis derechos. Le daré instrucciones para que ponga a su disposición los fondos necesarios.

—¿Quién es Juan Bautista Jecker? —pregunté.

—¡Ah!, es el propietario de medio Méjico y quiere hacerse dueño de la otra mitad, ja, ja, ja.

El señor Pasquier du Martin se levantó, nos cerramos efusivamente las manos.

—Muy agradecido —dijo—. ¿Cuándo se puede ir para Méjico?

—En el próximo barco —respondí.

—¡Excelente! Qué le parece si me acompaña a cenar, esto merece festejar con ostras y una botella de Dom Perignon, aprovecharé para darle algunos datos sobre nuestro hombre en Méjico.

CAPÍTULO IV

El viaje tardó cuatro meses. Del puerto del Havre me embarqué a Southampton, de ahí a Portugal, las islas Madeira, Nueva Orleáns, Veracruz y la ciudad de Méjico, que me impresionó por la pureza y transparencia de su aire a más de dos mil metros. El aire es un delgado hilo que penetra perfumado en los pulmones. Sin duda la ciudad más bella de la república. Las calles bien empedradas, en ángulos rectos y flanqueadas de aceras.

El color lo dan sus habitantes. Hernán Cortés mencionaba la cantidad de mendigos: había tantos, decía, como en un país civilizado. Especial mención entre ellos es el lépero, el vividor, es igual que el *lazzaroni* de Nápoles. El de Méjico era más maligno, más sutil, más audaz, más desvergonzado; su inteligencia e imaginación tienen una amplia esfera.

Las calles están llenas de vendedores, el más típico es el aguador. Lleva a su espalda su «chochocol», enorme cántaro de barro colorado, de forma esférica, suspendido en la frente por medio de una correa anudada por sus extremos a las dos asas del cántaro; otra correa que pasa por la coronilla sostiene un botijo pequeño que contrabalancea por delante el peso de atrás conservando un centro de gravedad normal.

Se cuenta que un inglés, deseoso de verificar este equilibrio, rompió de un repentino bastonazo el cántaro pequeño, el pobre aguador cayó de espaldas en el acto. El inglés costeó los daños, aunque no creo que haya pagado el ultraje a la dignidad del aguador.

Después de instalarme en el mesón de San Vicente, en la calle Manrique, me dirigí a la oficina del señor Juan Bautista Jecker. Mientras caminaba recordé lo que le habían contado al señor Pasquier du Martin sobre dicho hombre.

Jecker había llegado a Méjico con su hermano Luis, procedente de Francia, en la década de 1830. Luis, el hermano mayor, era médico cirujano, fue admitido en la Escuela de Medicina y tuvo una brillante carrera. Juan Bautista entró como dependiente en la casa de comercio inglesa Montgomery, Nicod y Compañía.

Luis tenía unas grandes manos, con dedos cortos y gordos, parecidas a las de un arriero, pero cuando hacía una operación, los dedos pulidos de una dama no hubieran sido más suaves ni más delicados. En esa época no se conocían, o al menos no se usaban los anestésicos, y los pacientes que debían someterse a una operación durante diez, veinte o cuarenta minutos, eran verdaderos mártires. La habilidad y la destreza de don Luis casi suplían al cloroformo y al éter. Hizo curaciones y operaciones difíciles, casos desesperados. Su fama naturalmente voló por toda la república. El gobierno lo nombró profesor de anatomía topográfica de la Escuela de Medicina, y su clientela, especialmente gente rica, fue tan numerosa que se veía obligado a reducir el número de pacientes.

A los ricos les cobraba enormes honorarios; a los pobres les curaba gratis, y a veces les daba algún dinero para las medicinas.

En el transcurso de algunos años reunió con su trabajo y su ciencia un capital de medio millón de pesos oro. Cansado y atormentado por el mal de gota que le ocasionaron sus invencibles inclinaciones gastronómicas, resolvió abandonar el país. Regaló a su hermano don Juan trescientos mil pesos, y los doscientos mil restantes los utilizó para viajar a París, no a descansar, sino a suicidarse.

El doctor adoptó el medio de forzar y echar leña a su máquina hasta que reventase con comidas, diversiones y placeres de todo género que lo hicieron postrarse en cama. Como remedio se metía en una tina de agua tibia y permanecía en el baño dos o tres días mascando hielo. Aliviado, volvía a comenzar la vida alegre, hasta que por fin en el curso de algunos meses dio al traste con su cuerpo, sobrándole todavía unos setenta u ochenta mil pesos, que dejó a varios establecimientos de beneficencia de París.

La casa Montgomery, Nicod y Compañía cesó sus actividades en Méjico. Con trescientos mil pesos en mano, don Juan Bautista entró en sociedad con don Isidoro de la Torre, de la distinguida familia de los Torre, andaluces residentes en Burdeos. Con la razón social de Jecker, Torre y Compañía se estableció e inició actividades. El señor Torre marchó a Mazatlán, Jecker se quedó en Méjico.

Mientras el doctor tiraba el dinero por la ventana en París, el hermano y su socio hacían los mejores negocios y llenaban sus arcas de dinero. Convinieron más adelante en una liquidación y disolvieron la compañía, separándose cada uno con un millón trescientos mil duros en oro y plata. La casa de Jecker continuó bajo la denominación de Juan B. Jecker y Compañía.

Juan B. Jecker y Compañía llegó a ser una casa sólida que gozaba de la confianza general, era el depositario no sólo de dinero y joyas, sino de secretos de grandes personajes, y que sin dar la cara ni mezclarse en la política, ejercían una influencia en la sociedad.

Se decía que Jecker era duro para los negocios, pero una vez daba su palabra, ésta equivalía a una escritura. Exacto en sus compromisos, honrado por carácter, laborioso por educación, sin vicios ni lujos, supo ganarse la confianza y estimación; los ricos le confiaban su dinero y los trabajadores y pequeños comerciantes, sus economías, especialmente los franceses, suizos y belgas. En el curso de los años, jamás se mezcló en la política, por el contrario, era el banquero de los gobiernos que se sucedían; las más veces hacía buenos negocios, pero otras facilitaban fuertes sumas sin interés pecuniario, de modo que así tenía cierta influencia con los gobernantes.

Con los años, sus negocios marcharon viento en popa, extendió sus relaciones en el extranjero y en las ciudades y puertos de la república, y abarcó cuantas empresas se le presentaron: ferreterías, minas, ingenios de azúcar, deslinde de terrenos contra concesión de explotación de los mismos. En una palabra, casi no había negocio en que no tuviese poca o mucha parte. Para tantas y tan diversas atenciones usó no sólo su capital sino el de los muchos que recibía a créditos y de cuanto tuvo a la mano. Unos negocios eran de producto inmediato, otros no; unos buenos, y lucrativos otros, como los de minas y terrenos, de inmediato desembolso y de lejana retribución, como la mina Planchas de Plata.

* * *

La oficina de Juan Bautista Jecker se encontraba en el segundo piso del edificio que ocupaba la joyería La Esmeralda en la calle Plateros. Todo el piso permanecía ocupado por dependientes que trabajan de pie sobre escritorios especialmente construidos para ese fin. Al fondo estaba un mezanine desde el cual podía supervisarse el desempeño de los empleados. Desde ahí se daban órdenes a gritos: a ver, tú, José, prepara el conocimiento de embarque para el cargamento que viene en el «Ardentí».

Un dependiente me anunció y me condujo a la oficina del señor Jecker. Se encontraba en la esquina posterior del edificio. Tocó una campana anunciando su entrada, abrió dos puertas: la primera forrada de cuero azul, la otra de rojo. Ambas aseguraban la privacía. El despacho era una gran pieza rectangular tapizada de alfombra color borgoña, al fondo sobre un gran tapete chino estaba un escritorio estilo imperio con bordes de oro, marquetería de marfil y un librero que abarcaba toda la pared.

Juan Bautista Jecker se encontraba estudiando un documento, me vio y se apresuró a recibirme, me extendió su mano, larga, firme, llena de energía, me tomó del brazo y me llevó hacia una esquina donde había varios sofás de piel negra, me indicó que me acomodara en uno. En la pared opuesta a las ventanas que daban a la calle estaban colgados dos cuadros: uno era un retrato del propio señor Jecker. Y el otro el de un general montado en un caballo. Tenía el cetro de emperador, el cabello rizado mecido por el viento, miraba hacia atrás, seguramente dando órdenes. Abajo, un letrero en forma de pergamino decía: «Su Alteza Serenísima Don Antonio López de Santa Anna». Era una copia de Napoleón incitando a sus tropas para cruzar el puente de Arcole. Se respiraba un olor a habano, pero sobre todo a dinero, mucho dinero.

Juan Bautista Jecker era alto, delgado, ojos gris cobalto, mirada y trato frío, sobresalía la palidez de su rostro. Todo en él despedía eficiencia y competencia. Vestía con la máxima sobriedad: levita y chaleco negros, ancho pantalón gris Oxford y botines de ante. De una puerta disimulada por el librero, apareció un mozo. Jecker me preguntó:

—¿Gusta tomar café o quizá le apetece una tasa de chocolate?

—Café está bien —respondí.

—Es un placer conocerlo, Ernest. ¿Me permite llamarlo por su nombre?, es una costumbre mejicana.

—Como guste, señor Jecker.

—Recibí instrucciones de mi amigo Hyppolite para que ponga a su disposición los fondos necesarios y cualquier otra cosa que necesite para que recupere la concesión otorgada. Estoy a sus órdenes. ¿Qué puedo hacer por usted?

El mozo llegó con dos grandes tazas de café negro humeante y una caja de puros, escanció el café, ceremoniosamente se inclinó y me mostró el contenido de los puros: había habanos y puritos perfumados con vainilla a los que me volví aficionado, escogí uno de estos últimos. Jecker eligió uno largo y delgado. El mozo dejó sobre la mesa la caja, nos encendió el tabaco con una cerilla y se marchó. Le di una calada a mi puro, era el mejor que había probado: robusto, sin ser áspero y envuelto en un aroma de vainilla fresca.

—Señor Jecker, don Hyppolite me dijo que usted puede arreglar todo, o casi todo en Méjico. La pregunta es sencilla: ¿cómo podemos revertir la decisión de la Suprema Corte que invalida la concesión a mi cliente? ¿Hay una segunda instancia? O dicho de otra manera, si no hay otra instancia judicial, ¿podemos solicitar de nuevo la concesión?, no en Sonora, pues según me informó don Hyppolite, la razón de la anulación es que los estados no tienen facultades. Por lo tanto podríamos solicitar la concesión en la capital.

—No, señor Vigneaux —respondió Jecker—, la decisión de la Suprema Corte es definitiva. Respecto a una nueva concesión, lo dudo, quien decide todo es su Alteza Serenísima, no se qué tanto sepa respecto a él. Es un sobreviviente, está en su treceavo mandato como presidente. Desconfía de los extranjeros, según él, son el origen de todos los males de Méjico. No es para menos, si vemos que los americanos lo humillaron y le quitaron la mitad del territorio.

—Pero el señor Pasquier du Martin me dijo que la emigración europea era de interés nacional para Sonora —respondí—. Son territorios despoblados, si no da concesiones a franceses, los anglos vendrán, se quedarán con Sonora y Chihuahua.

—¿Está al tanto del la vía del ferrocarril del Paso del Norte en Tejas al puerto de Guaymas en Sonora?

—Por supuesto. ¿Acaso el gobierno mejicano no piensa defender su territorio? ¿Cómo lo va a hacer si no tiene ni recursos ni gente para defenderse? Sólo con emigración europea lo puede lograr. No entiendo a… como dice….

—Su Alteza Serenísima.

—¡Méjico no tiene alternativa!

El Señor Jecker dio un sorbo a su café y dijo poniendo el puro en un cenicero de plata:

—Seguro, como idea es buena, pero las experiencias del pasado no han dado buenos resultados para Méjico. Es cierto lo que dice el señor Pasquier du Martin respecto a los intereses americanos en Sonora. Por supuesto que el gobierno mejicano está preocupado por la situación. Está de rodillas y no puede hacer nada. Desconfía de los extranjeros, por lo tanto no recurrirá a la emigración europea, tampoco tiene los recursos para establecer una armada profesional que defienda sus territorios.

—Entonces ¿qué va hacer? —interrumpí.

Jecker sin molestarse en responder mi pregunta continuó:

—Mire, Vigneaux, tampoco conseguirá que le devuelvan la concesión a su cliente, hay muchos intereses en contra de que el señor Pasquier du Martin recupere sus tierras.

—Explíquese, se lo suplico.

—Lo que quiero decir —dijo Jecker con un tono glacial—, es que hay mucha gente que desea los territorios de su cliente.

Me recargué inquieto en el sillón y terminé de un sorbo el café que estaba frío. Esta entrevista no estaba resultando como esperaba. Jecker debería ayudarme, sin embargo, todo lo que provenía de él lo sentía como amenaza. El inicio no era nada prometedor.

—Señor Jecker, ¿podría ser más específico? —dije—. Me temo que no entiendo.

El señor Jecker tomó una cerilla y encendió de nuevo su puro.

—Mire, Ernest —echó una gran voluta de humo—, no sólo está el gobierno americano, hay hombres que se sienten investidos por el destino manifiesto de la nación americana, para ellos Dios les ordenó que ocuparan más tierras, ir a nuevos territorios al sur del río Grande es una misión humanitaria. Saben que Méjico es un país vencido, desean apropiarse de Sonora.

—¡Impidámoslo! Debemos recuperar los territorios de su amigo y cliente mío —repuse—, estoy con usted.

Jecker contestó:

—Debo advertirle, no son los únicos.

Se dedicó a ver la brasa de su puro, lo miré cómodamente arrellanado en el sofá, el silencio entre los dos se hizo pesado. Finalmente dijo, con algo que quiso ser una sonrisa pero se quedó en mueca:

—Los terrenos de la concesión del señor Pasquier du Martin ahora son míos.

—¡Cómo! —me puse de pie de un salto—. ¡Usted, señor Jecker! ¡Usted, tiene la confianza del señor Pasquier du Martin! ¡Debe ayudarnos! ¡Lo que hace es desleal!

Inmediatamente me arrepentí de mi conducta, había perdido la calma. Debía ganar tiempo.

Con tranquilidad y tono autoritarios Jecker dijo:

—¡Ernest!, las cosas son como son y no se pueden cambiar.

Tomé de la caja un purito, lo encendí tratando de controlar el temblor de mis manos. Piensa rápido, me dije. Jecker tenía razón, no había nada que hacer, al menos por el momento. Estaba completamente solo en un país que no conocía, no tenía a quién recurrir. Debía ganar tiempo para saber qué hacer. Averiguar sus planes, después decidiría cómo actuar.

—Disculpe mi actitud, señor —dije—, me ha tomado completamente por sorpresa, usted debía ayudarnos y resulta que se apropió de los terrenos de mi cliente.

—¡No, Ernest, no me he apropiado de nada que fuera de otro! —respondió—. Mire, haga el favor de acompañarme.

Nos acercamos a la ventana, Jecker la abrió y extrajo de su cartera una moneda de un peso, la tiró a la calle. Un lépero la levantó del suelo, volteó a todos lados y se fue corriendo.

—Esto fue lo que hizo su cliente —dijo Jecker—. Es cierto que el señor Pasquier du Martin tuvo la concesión, pero sólo fue un papel, nunca ocupó las tierras ni intentó ejecutar sus obligaciones. No hubo inmigrantes ni deslinde de terrenos, tampoco ningún acto de posesión. Se la revocaron, perdió, se fue a París lleno de rabia. Eso es todo. Si perdió algo, no fue más que un pedazo de papel. Yo actué como ese lépero.

—¿Qué fue lo que levantó del piso, señor Jecker? —pregunté procurando que mi voz no sonara sarcástica.

—Una mina de plata, Ernest —respondió Jecker triunfalmente—. Una de las más importantes de toda América. Lo que dará será mayor a toda la plata producida por la Nueva España.

No pude evitar mostrar mi sorpresa.

—¿Y dónde está esa mina? —pregunté.

—En el norte de Sonora, cerca de la frontera con Estados Unidos, en un lugar conocido como Arizonac, cerca del poblado de Sáric. Por una coincidencia, llamémoslo así, obtuve un mapa hecho por Cadler P. Stone en la que precisa la ubicación de la mina conocida como Planchas de Plata, llamada así porque este mineral se encuentra a flor de tierra, en planchas, en estado casi puro. Explotarla era una empresa muy grande para mí solo, mi corresponsal en San Francisco, el banco Bolton y Barrón me refirió con la casa Barrón Forbes Oceguera y Cía., cuyos socios son don Eustaquio Barrón y William Forbes, magnates financieros en los estados de Nayarit, Sinaloa y Sonora, además de cónsules respectivamente de Gran Bretaña en Tepic y Estados Unidos en Mazatlán. Por su intermediario obtuvimos del gobernador una concesión para explotar las minas y tierras existentes desde el paralelo 30 hasta el presido de Tucson y el río Gila, o sea la frontera con California. Los términos de la concesión eran los mismos de su cliente, excepto que teníamos que organizar un ejército para la defensa del estado. Los sonorenses tienen una gran repugnancia por los anglos, así que debíamos traer a europeos. Desde el principio hubo muchas dificultades. Contratamos a cien suizos, pero el gobierno no autorizó su salida, según su constitución ningún suizo puede servir a otro gobierno. Nuestros compatriotas que están en San Francisco fueron más entusiastas, varias familias estaban dispuestas a venir, sin embargo, el cónsul mejicano en esa ciudad se enteró, informó al gobierno federal, y éste anuló nuestra concesión alegando las mismas razones por las que le anuló la concesión a su cliente: la concesión de tierras y minas no corresponde otorgarlas a los departamentos sino al centro, la capital. Así que, tanto mis socios Barrón y Forbes como yo nos quedamos sin nada.

—¡Qué desastre para Sonora! —dije—. ¿Por qué otorgaron dos concesiones para el mismo territorio?

—Son diferentes, nuestra concesión abarca menos del veinte por ciento de la que originalmente tenía el señor Pasquier du Martin.

—Entonces está usted en la misma situación que el señor Pasquier du Martin —dije—.

Jecker rió.

—Desde el punto de vista de que no tenemos concesión, sí, pero es irrelevante. Sé exactamente dónde está la mina, su cliente no tenía ni idea por dónde empezar, descubrir Planchas de Plata le hubiera costado años, si es que algún día lo hacía, sin la información precisa, hubiera sido imposible.

—¿Cuáles son sus planes, señor Jecker? —pregunté.

—El plan es muy sencillo: tomar posesión de la mina y pedir la concesión al gobierno federal. No pienso solicitar territorio para traer emigrantes europeos, no funciona. Me concentraré en beneficiar plata y exportarla por el puerto de Guaymas, en Sonora. La ejecución es la parte difícil, hay que llegar ahí, defenderse de los apaches, de los políticos, de los caciques. Cada vez que adquiere algo, siempre habrá alguien que desee escamotearlo. Así es aquí la ley. Tenemos que decidir todo. Sonora no puede hacer nada, de modo que una vez esté beneficiada la plata hay que trasladarla hasta el puerto de Guaymas para exportarla, lo cual es en sí mismo un reto, no hay camino fácil, hay que llevarla en recuas de mulas a Hermosillo, cambiarla a carretas y luego hasta Guaymas, durante todo el trayecto necesitaremos protección, no faltarán los bandoleros que quieran arrebatarnos la plata. Mire, Vigneaux, lo que producirá la mina son riquezas que en Francia nadie ni siquiera sueña tenerlas. Viene usted de un país viejo donde es complicado sobresalir si no se nace en buena cuna. Aquí es diferente. En pocos años se puede hacer fortuna que dure varias generaciones. Méjico es generoso.

Me quedé pensando, ¿por qué Jecker me dice esto, por qué se vuelve cándido? Jecker continuó:

—El problema ahora son mis antiguos socios, los señores Barrón y Forbes, ellos suponen que en los terrenos que teníamos concesionados hay riquezas minerales, pero no saben exactamente dónde, tengo que apresurar la toma de posesión de la mina.

Se levantó y se acerco a mí.

—¿Cómo debo tratar a mis antiguos socios, Ernest? —preguntó Jecker.

—Concluir un acuerdo respecto a las inversiones necesarias y el modo de repartir las utilidades —respondí.

Asintió con la cabeza y se alejó un par de pasos, movía su testa de un lado al otro, su mirada estaba fija en la punta de sus zapatos.

—Bien dicho. Solamente que usted se equivoca cuando dice que debo invitar a Forbes y Barrón. No los necesito.

—Me preguntó usted mi opinión, creí que eran sus socios, es de justicia invitarlos, pues la mina se encuentra en tierras que estaban concesionadas a ambas partes.

—¡Ja, ja, Vigneaux! —Jecker soltó una carcajada—. Le falta mucho que aprender, no conoce Méjico. La justicia es proporcional al dinero que se tiene. Así de fácil, ya no los necesito.

—Bueno, señor Jecker, me temo que son asuntos suyos. Creo que usted y yo no tenemos nada más de que hablar —dije al levantarme del sofá.

—Por el momento —precisó Jecker—. Vigneaux, quisiera que reflexionara sobre lo discutido. Lo que está en juego no es sólo la participación en una mina, hay intereses más grandes y ellos convergen en Sonora. Todo depende de nuestro éxito con la mina. Piense lo conversado, Ernest. Hay oportunidad de ser inmensamente ricos, poseer las mejores tierras de Sonora. Aquí podrá hacer lo que no hará en Francia en varias generaciones. Ya tendremos oportunidad de hablar posteriormente, sólo piense lo que es Méjico. ¡Lo acompaño!

En el momento en que Jecker tomó la empuñadura de la puerta, se paró en seco, me volteó a ver y dijo:

—¿Cuáles son sus planes, Ernest?

—Informaré a mi cliente y esperaré instrucciones.

—Bien, por lo que se refiere a fondos, puede pasar con el tesorero. El señor Sánchez le proveerá lo necesario.

Me le quedé mirando con sorpresa.

—No tenga remordimientos, no es con fondos de su cliente. Son las Planchas de Plata las que lo pagan —sonrió—. Por cierto, Ernest, ¿ha perdido casos? —preguntó Jecker.

—Nunca —contesté orgulloso.

—Para ganar en Sonora hay que saber perder; sólo aprendiendo a vivir con miedo se puede triunfar. Las ganancias son enormes, pero las pérdidas sobrepasan con creces cualquier ganancia.

—¡Hasta luego, señor Jecker!

—¡Hasta pronto!

Una vez en la calle respiré hondo, apresuré el paso hacia mi pensión, ansiaba refugiarme entre las cuatro paredes de mi habitación.

CAPÍTULO V

Varias antorchas iluminaban la casa del cónsul honorario de Francia en Guaymas. En el patio había una enorme parrilla en la que se asaban grandes pedazos de carne. Los hombres estaban reunidos en pequeños grupos, las mujeres sentadas en el corredor platicando en voz alta y fumando puritos.

El cónsul al vernos llegar se acercó obsequioso.

—¡Señor Conde de Raousset-Boulbon!, bienvenido a ésta su humilde morada. He hecho esta pequeña reunión en su honor.

—¡Ah!, señor Calvo, agradecemos su invitación, es un honor estar con la gente distinguida de esta su ciudad. Porque usted es mejicano, ¿verdad? Aunque hable francés, es mejicano.

—Así es, Conde.

—¡Sí, lo suponía!

El conde se dio la vuelta sin estrechar la mano que le tendía el cónsul, se dirigió hacia el patio donde grupos de hombres bebían en tazones de peltre agua fresca de cebada que sacaban de un jarrón de barro húmedo. Con el cuchillo que portaban en la cintura, cortaban pedazos de una enorme pieza de buey que estaba en el asador y que un mozo cuidaba. Ponían el pedazo de carne en una tortilla de trigo, la enrollaban, la sumergían en un enorme molcajete que contenía una salsa de ajo, cilantro, chile, tomates y cebolla.

La esposa del cónsul se acercó con una charola que tenía tazones de peltre con agua de cebadas y pequeños jarros de barro.

—Señor Conde, buenas noches.

—Señora —el conde chocó los talones, hizo una caravana—, un gran placer conocerla.

Conde Gastón de Raousset-Boulbon, a sus órdenes.

La mujer rió tímidamente.

—Sírvase, mi señor. Hay agua fresca de cebada y mezcal.

El conde tomó un jarro, lo vació de un trago, rugió y movió la cabeza.

—¡Mrrr!, me había olvidado lo que era el mezcal. ¡Gracias señora!

—Si me disculpa —dijo la mujer.

—Adelante, señora.

El conde volvió a hacer otra caravana. Marcel Lenoir, Jacques Fayolle y los demás franceses se acercaron riendo y fumando. Marcel levantó su jarro de mezcal y dijo:

—¡Por nuestro comandante y la *Sonore*!

—¡Viva! —gritaron entusiastas voces.

El conde le dio un golpe amistoso en el hombro a Marcel, al tiempo que brindaba con sus hombres.

A nuestro alrededor los hombres nos miraban de reojo pero ninguno se atrevía a hablarnos. Los veíamos a los ojos, bajaban la vista. En una esquina, bajo una antorcha estaba un grupo de mujeres embebidas en lo que contaba una de ellas. Sus manos volaban y sonaban por las múltiples pulseras de plata, su voz era alta. Su cara resplandecía bajo la luz dorada de la antorcha.

Phillipe Garnier llegó, era un muchacho alegre y mundano, un verdadero parisino. Vestía con pantalones abiertos desde la rodilla hasta los pies, los bordes tenían adornos de plata, camisa amplia, portaba el sombrero mejicano de lado, con desenfado y coquetería.

—¡Ah, Garnier! —dijo el Conde—, ¡a la mejicana!

—Sí, mi comandante, me va bien —con su mirada recorrió el patio—. Esto no es precisamente un salón en París, pero veo increíbles señoritas de piel canela. Observe, mi comandante, qué porte tienen. Mire esa que se acaba de levantar —con la cabeza hizo un gesto señalando a una mujer de larga trenza que caminaba meneando sus caderas como si estuviera danzando un baile lento y sensual—. Nuestra fortuna ya empezó —hizo como si bailara unos pasos. Todos rieron.

El conde ojeaba hacia donde estaba la mujer de las pulseras. Sus miradas se cruzaron. La saludó con la cabeza, ella no respondió, pero tampoco bajó los ojos. Él se volteó, llamó al señor Calvo.

—¿Quién es esa señora que está ahí sentada entre esas mujeres?

—Es dueña de una tienda de telas, la señora María Antonia Ordóñez Aramburu.

El conde sonrió.

—¡Vayamos a presentar respetos a la dama!

Marcel Lenoir y Jacques Fayolle nos siguieron. Al llegar donde se encontraba María Antonia, las otras mujeres bajaron la cabeza y se escurrieron. Estaba sentada en un banco hecho directamente sobre la pared blanca, la rodeamos, no había más bancas, nos quedamos de pie alrededor de ella. En una esquina había un indio de mirada gacha, inmóvil, todo en él trasmitía fuerza. Era muy moreno, vestía con pulcritud calzones y camisa de algodón blanco. Sus pies endurecidos y agrietados, los calzaba con una tapa de cuero amarrada al tobillo con cordones de piel sin curtir.

María Antonia le espetó:

—*Mangwe ha isa káa hikkaha há ami né evnoo ka.*

El indio se inclinó ante ella.

—*Moro ta', ama.*

El conde preguntó:

—¿Qué lengua es esa, señora?

—Yaqui.

—Usted no es india.

—No, señor, pero soy de esta tierra, aquí no hacemos diferencias. Somos lo mismo. ¿Y usted y sus hombres qué pesquisan en Guaymas?

—Lo que nos corresponde —contestó el conde—, la mina Planchas de Plata, la más rica de América, señora mía. Está usted frente a hombres ricos.

—¡Ah, mi señor!, falta que lleguen. ¿Si les estorban?

—Señora —dijo el conde—, venimos por lo que legítimamente es nuestro, si alguien interfiere, recibirá su merecido. Les enseñaremos a los mejicanos lo que valen los franceses.

Asentimos con gruñidos de satisfacción.

—Si usted lo dice, señor.

—Llámeme conde.

—¿Perdón, qué dice?

—Conde. Sólo conde, sabe, es un título que tengo por mi familia.

—¡Sí, ya sé, es un título de preferencia!, ¿pero por qué lo habría de llamar así, si no es mi deseo? Aquí no es Francia.

—¡Claro que lo sé, señora! Así deseo ser llamado.

—¡Muy bien, señor!, si desea ser llamado «Conde». Así lo llamaré. Conde.

—¿Y nosotros con quién tenemos el gusto?

—Con Maonia.

—¿Maonia? Ése no es un nombre.

—Así deseo ser llamada. El conde llevó la mano teatralmente al corazón e hizo una caravana. —Sonora necesita una muda.

—¿Muda? Me temo no entenderla, mi señora.

—Sí, vivimos en desorden. Hay que salir de eso, no es bueno.

—¿Ah sí, cómo? —preguntó el conde.

—Necesitamos orden, sólo así puede haber una Sonora libre. Nos urge una mano fuerte para poner las cosas en orden.

—Una vez que tomemos posesión de la mina estableceremos caminos seguros para que la plata pueda llegar a Guaymas.

—No sólo eso, requerimos de instituciones, una autoridad que tenga prestigio para que acatemos sus órdenes. Los sonorenses no hacemos más que enredarlo todo. Los gringos quieren más tierra. Si evitamos seguir peleando entre nosotros, si nos unimos, podremos hacer frente a nuestros enemigos, los de dentro y los de fuera. Si lo que dice es ley, si saca plata de la mina, traerá prosperidad, se pueden comprar los hombres necesarios para la paz, después el tiempo dirá. Lo importante es evitar que le chinguen la plata. Únicamente por estar en Sonora, muchos pensarán que la plata es de ellos, quizá le permitirán llegar, que empiece a chingarse para sacarla, es entonces cuando aparecerán las ratas.

—Señora Maonia, venimos por una mina, pero también buscando hogar para muchos compatriotas que han sufrido desprecio y marginación en San Francisco. Están aquí jugándose su última carta. Tenga la plena certeza de que no dejaremos que nadie nos quite lo nuestro. Los franceses tendrán un país en América. ¡Brindo por Francia! —levantó su copa de mezcal y brindó con nosotros.

—Qué Francia ni que la chingada. ¡Están en Sonora! —sus manos se movieron hacia enfrente palmas arriba empujando un obstáculo imaginario, los brazaletes de plata que tenía en su mano derecha sonaron.

El conde entrecerró los ojos, se le quedó mirando.

—Señora, no sólo venimos por la mina, también lo hacemos por el honor de Francia.

—¿Qué honor puede haber en causar miedo en la población?

—¿Miedo?

—¿Por qué desembarcó en formación militar? ¿A quién pretende deslumbrar, Conde?

—Llegamos como lo que somos, señora: vencedores.

El conde se hizo hacia atrás, puso su pie izquierdo sobre el asiento, se inclinó ligeramente hacia ella.

—¿Vencedores de qué? No han ganado ninguna batalla, han estado algunos días en Guaymas y lo único que han demostrado es que son vividores; se emborrachan, seducen a cuanta mujer ven, deshonran a sus maridos.

—Es la *joie de vivre* —masculló el conde.

—No sé eso que dice, pero lo que ha traído es corrupción. Como si no hubiera bastante en Sonora.

—Mire, señora, nadie va decirnos cómo debemos comportarnos...

No le dejó continuar.

—¿Por qué no? Están ustedes en nuestra tierra y tengo la razón para decirle lo que me parece.

—Señora, actuamos como actuamos y basta, si no le parece no tiene más que callar. Permítame decirle que su país no necesita orden sino que lo regeneren. Méjico es degenerado. ¿Acaso no han perdido la mitad de su territorio? Quizá en pocos años se llene de anglos para que lo absorban. No hay instituciones, ni republicanas ni monárquicas, todo es un desorden. Se impone la voluntad con miedo y armas. Esto no es una nación, Maonia. Es sólo un triste remedo de lo que fue cuando era territorio de la monarquía española.

Maonia estaba recostada sobre la pared, su cara permanecía en la penumbra, sólo su mano derecha se movía nerviosa, repiqueteaba la multitud de aros de plata.

—Conde, usted habla sin saber, sólo conoce la superficie debido a que ha permanecido unos días en este país y quizás a que ha leído algún escrito de un doctor extranjero. Pero lo que sabe es un carajo. Si nos conociera habría notado que aunque estamos vencidos, jamás nos resignamos, no aceptamos las cosas como son. Las cambiaremos.

El conde rió con la satisfacción de haber herido a esa mujer que osaba enfrentarlo ante sus hombres.

—Verá muchas cosas en Sonora. Mantenga los ojos abiertos. Los necesitará, me parece que es miope, por eso se acerca tanto a las personas para mirarlas. ¿O me equivoco?

—Tiene una manera de expresarse insolente, señora.

—Más vale que se acostumbre a la insolencia, éste es un país alebrestado, si viene a chingarse una mina en Sonora deberá olvidarse de su querida Francia —se levantó—, ¡me retiro, machos!

Caminaba erguida, sorprendidos y callados le abrimos paso.

—¡Regrese, señora! —la espetó el conde.

No volteó, el indio la seguía atento, había dejado en el piso la charola sobre la que llevaba jarros con café, su mano derecha apretaba la empuñadura del puñal. Su silueta era empinada, tenía sujetado su largo cabello sobre su cabeza con un listón verde. Un mechón desordenado le caía sobre su frente. Se despidió del anfitrión y se perdió en la noche estrellada.

Capítulo VI

Esa noche, después de que conocí a Maonia en casa del señor Calvo, soñé con mi madre. El sueño sucedía siempre que me encontraba perdido. Me ridiculizaste frente a mis hombres, me hiciste sentir de nuevo impotente. Ninguna mujer me había hablado así. Si hubieras sido un hombre te habría retado a duelo. Pero, ¡una mujer! Me dejaste con la rabia de la humillación.

Me acosté hecho un ovillo, pensaba cómo podría vengarme, terminé dando vueltas a mi humillación. Finalmente, un sueño intranquilo me venció. Volví a ver los campos de lavanda y el azul del Mediterráneo…

Llegué al atardecer a Boulbon, subí las escaleras corriendo y sin tocar entré junto con un torbellino de sol, viento y polvo al cuarto de mi madre. Me detuve abruptamente. La habitación estaba en penumbra, era como si me hubiera estrellado contra una muralla oscura.

Mamá se encontraba tendida sobre su lecho. Al lado sobre un buró cubierto por un mantel blanco había una palangana, una jarra de agua y una multitud de pequeños frascos. Varios hombres vestidos de negro conferenciaban en voz baja. Mi padre, el barón Henri de Raoux de Raousset-Boulbon estaba sumido en una butaca en una esquina de la habitación. Las ventanas permanecían cerradas; el olor a medicinas y alcohol absorbieron el aire fresco que entró con él.

Me dirigí hacia la cama asustado por el silencio y la solemnidad. Puse mi cabeza sobre su pecho.

—¡Ya llegué, mamá!

Las palabras resonaron en la habitación. Ella con una mano me acarició el cabello. Sonreía, débilmente. Murmuró:

—¡Gaston, mira qué sucio estás, tus cabellos llenos de paja y polvo, tu ropa mugrosa y arrugada! Dile a Beatriz que prepare tu baño. ¡Vamos, ve!

No obedecía, una fuerza me llevaba a apretarme más contra ella. Oía su corazón, eran como los trotes irregulares de un ciervo. Su piel olía a sudor, hierbas y medicina. Entrelacé mi mano con la de ella, sonrió. No me acuerdo de nada más, ni de la habitación, ni de las personas que estaban ahí. Mamá se adormeció, me acurruqué contra su cuerpo cálido, respiraba su aliento. ¡Era como una flor delicada! ¡Qué orgulloso estaba de su belleza! ¡Qué bien me sentía abrazado a ella!

Mi padre se acercó con suavidad pero con firmeza, me separó.

—Obedece a tu madre, hijo, ve con Beatriz, el doctor Bardot tiene que examinarla.

—No, no quiero.

Un hombre vestido de negro, cuyas cejas eran una sola línea, asintió. Mi padre se retiró y me volví a pegar a su cuerpo. ¿Cuánto tiempo estuve así?, no lo sé. Aún recuerdo los aromas dulces que exhalaba su cuerpo.

Después de un tiempo, llegó mi nana Beatriz y me llevó entre sus brazos. En la noche oí gritos, pasos presurosos por el pasillo, me levanté, abrí la puerta de mi cuarto. Mi padre, que pasaba por ahí, con tono imperativo dijo:

—¡Gaston, entra a tu cuarto inmediatamente!

Me escondí entre las cobijas. Tenía miedo, temblaba y lloraba. Se abrió la puerta, llegó Beatriz. Se sentó sobre la cama.

—No te preocupes, mi niño —ella se recostó y comenzó a contar un cuento. Me quedé dormido.

Amaneció un cielo de nubes grises, de lluvia fina y constante. Había mucha gente desconocida en el castillo. Beatriz me dijo que hoy jugaríamos en el cuarto. Pregunté por qué llegaron tantas personas y ella no supo qué contestar, tenía los ojos rojos. Quise ir a ver a mi madre, pero Beatriz me dijo que no podía, lloraba.

Pedí agua, y cuando Beatriz salió de la habitación, corrí al cuarto de mamá. Estaba vacío, la cama donde la vi el día anterior se encontraba deshecha, las sábanas revueltas y sin cubrecama. El cuarto se puso helado. Regresé corriendo a mi recámara, en el pasillo encontré a Beatriz, le conté lo sucedido.

—Beatriz, ¿dónde está mi madre? —pregunté.

—No sé, mi pequeño —dijo ella y se echó a llorar.

Lloré también asustado. Comí en la cocina con la servidumbre, miraba a la cocinera, a las sirvientas, a las recamareras, a los mozos, buscaba algo a lo que pudiera asirme. Todos en la cocina veían fijamente su plato.

Por la tarde mi padre fue a buscarme. Me llevó a la biblioteca. Se sentó detrás de su escritorio y yo frente a él. Se me quedaba mirando.

—¿Dónde está mamá?

En vez de contestarme, se tomó su tiempo, se paró, se acercó a la caja de puros, tomó uno, cercenó la punta y lo prendió, echó varias volutas de espeso humo antes de volver a sentarse.

—Gaston, estás muy pequeño para entender, pero mamá no está más con nosotros.

—¿Dónde está, cuándo regresa?

—No regresará. Se ha ido. Está muerta.

Se quedó mirándome fijamente, permaneció impasible, inmóvil detrás del escritorio, ningún músculo de su cara se movía. Lo miraba y no comprendía, sólo sentía rabia. Quería que me abrazaran, salí corriendo.

—¡Gaston, vuelve acá!

Salí del castillo, bajé al pueblo y me escondí. Horas más tarde, Beatriz me encontró entre los arbustos. La miré con los ojos muy abiertos.

—Mi niño —riñó Beatriz—, llevo varias horas buscándote.

A la mañana siguiente, en el salón principal del castillo Boulbon estaba expuesto el féretro con el cadáver de mi madre. Se encontraba en medio de los aldeanos que habían ido a dar el pésame, algunos venían junto a mí, me hacían una caricia. Papá los recibía, hablaba con ellos, estrujaban entre sus manos nerviosamente sus beret de fieltro. Papá les ofrecía una copa de aguardiente, ellos se ponían el beret en una bolsa de su saco y se retiraban a un rincón a hablar y a fumar tabaco oscuro. Reinaba el silencio en la gran sala, sólo atemperado por voces que inesperadamente salían del fondo del silencio. Al fin pude volver a ver a mamá, me acerqué al féretro. Tenía una sonrisa disimulada, como si deseara excusarse, la palidez de su rostro se acentuaba por el vestido negro.

A partir de ese momento, todo se confundía, me alejaba del féretro, veía todo de lejos. Beatriz me tenía de la mano. Miré a papá, estaba conversando con un grupo de hombres que fumaban largas pipas de barro, me solté de la mano de Beatriz, fui corriendo a abrazar sus piernas, él distraídamente me acarició la cabeza y siguió hablando. Llamó a Beatriz para que se ocupara. Cuando me quiso tomar de la mano, corrí, me encaramé sobre el féretro, me abracé al cadáver. Comprendí lo que mi padre me dijo. Mamá no estaba, se fue y me dejó solo. Empecé a sacudir el cadáver, a gritarle.

—¡Mamá, mamá, vuelve, vuelve, por favor vuelve!

Algunas mujeres gritaron, Beatriz se acercó y me trató de sacar del féretro, no pudo. Intervinieron otras señoras, pero me aferraba con brazos y piernas a mi madre. Finalmente papá llegó, por la fuerza me separó, me tomó entre sus brazos. Sentía que me ahogaba, las lágrimas se atoraban, no podía respirar. Empecé a convulsionar, quería aire. Papá me sacudió, me dio una cachetada.

—¡Basta, Gaston, eres hijo de reyes, compórtate!

El aire se rasgó, aspiré. Me veía exhalando un aullido que se perdía en las bóvedas del castillo.

* * *

Me desperté cuando aún estaba oscuro. El cielo se pintaba de rosa pálido, el azul oscuro de la noche comenzaba a desvanecerse. A las seis de la mañana estaba en casa del señor Calvo. Me hicieron esperar en el pasillo.

—Haga el favor de acompañarme a mi despacho —dijo el señor Calvo arreglándose el cabello—. ¿A qué debo el honor, Conde?

—¿Quién era esa mujer?

—Suplico se acomode —me indicó una silla frente a un escritorio lleno de papeles, él se sentó del otro lado—. ¿Puedo ofrecerle una taza café?

El padre de Maonia, don Agustín Ordóñez llegó a Hermosillo buscando fortuna. Ser español le aseguró el derecho de frecuentar a la sociedad criolla. Cortejó a doña Asunción Aramburu, hija menor de don Guillermo Aramburu, uno de los hacendados más prósperos de Sonora. Asunción era la menos agraciada de cinco hijas, pero apellido y dinero la hacían resplandecer. Consiguió empleo como dependiente de una casa comercial, su capacidad de trabajo y entusiasmo hicieron que pronto fuera nombrado encargado. Había visto a Asunción varias veces paseando por la plaza arbolada de naranjales que está junto a la Casa de Moneda. Intercambiaron miradas. Fue a ver a su padre, pidió permiso para frecuentarla y obtuvo el consentimiento.

Agustín Ordóñez, oriundo de Asturias, conseguía más con la guitarra y el canto que con su trabajo. Su aire despreocupado, bonachón y confiable le granjeó la confianza de la sociedad y el amor de Asunción. La boda fue uno de los eventos que más se comentaron en la ciudad durante aquella primavera de 1821, año en que Méjico inició su vida independiente. Las perspectivas de éxito para un empresario alcanzaban las nubes.

En Méjico, como en todas las colonias de España, no se permitía el comercio si no era con la metrópoli. A fin de crear un mercado interno, se prohibió la manufactura y el cultivo de cualquier artículo que pudiera ser abastecido por la colonia, como la vid y el olivo. Aún las producciones locales como café, cacao, añil, cochinilla, se toleraban bajo ciertas cantidades que la metrópoli quisiera exportar. Otros como el tabaco fueron un monopolio de Estado. Sólo estaban habilitados dos puertos: Veracruz en la costa este y Acapulco en la costa oeste, con este último se comerciaban sedas y muselinas de China e India.

Las mercancías provenientes de Europa y Estados Unidos entraban por Veracruz y de ahí a la ciudad de Méjico, posteriormente eran distribuidas en varias ferias que se celebraban en el interior. Pasaban de mano en mano, tardaban en llegar, no había caminos y menos ferrocarril. El comercio se realizaba en recuas de mulas, de tal modo, cuando ingresaban a Sonora alcanzaban precios estratosféricos. La falta de libertad en el comercio creó una oligarquía de comerciantes y en el pensamiento la censura impuesta por la Inquisición.

En la colonia la corrupción imperaba. Los funcionarios que mandaba España a Méjico eran una casta privilegiada, cuya existencia estaba ligada no a Méjico sino a la metrópoli. Los virreyes eran un vivo ejemplo, pues siempre regresaban a la patria con una fortuna considerable no proporcional al sueldo que percibían. El contrabando era común, propiciado por los impuestos a la importación. La circulación de mercaderías también se gravaba, hasta los bandidos tenían su tarifa. Nueva España era para unos pocos. La Independencia fue la guerra de los criollos para repartir la riqueza que los otros tenían.

Con la ayuda de su suegro, Agustín Ordóñez fundó su propio negocio: comerciante en artículos para dama. Prosperó rápido, debido al contrabando de artículos provenientes de San Francisco que ingresaban por Guaymas. La esterilidad del matrimonio empañaba el éxito comercial. Las ofrendas a San Francisco de Asís dieron fruto. Asunción quedó embarazada. Nació una niña de oscuros cabellos, a quien pusieron como nombre María Antonia. Asunción murió a los pocos días del alumbramiento debido a fiebres que ningún médico de Hermosillo pudo aliviar.

Afligido, don Agustín, con la ayuda de su familia política, encontró una nodriza que amamantara a su hija, una mujer yaqui: Inés, quien acababa de perder a un hijo.

María Antonia mostró desde pequeña aficiones poco dignas de una señorita. Se pasaba horas con su nana aprendiendo la lengua yaqui, lo que su padre y abuelos consideraban una extravagancia.

No respondía al nombre de María Antonia, se hacía llamar Maonia, una contracción de su nombre. Su nana en secreto le decía *Aaki Sewa*, que quiere decir 'flor de pitahaya'. Su carácter independiente y rudo la alejó de la vida social. Le gustaba más montar a caballo y disparar con el rifle, que ir a los bailes. Su padre hacía caso omiso a la recomendación de la abuela, quien insistía en que debería ser firme en la educación de su hija, pero él la dejaba ser, porque Maonia era lo que más quería. Ella le ayudaba a colocar mercancía en los estantes, estaba detrás suyo cuando atendía a un cliente. Le preguntaba por qué un pedazo de tela se vendía tan caro. O por qué tenía más artículos inútiles para dama que productos para la labranza y la cría de ganado. Su padre le contestaba que lo inútil siempre era más caro, porque con ello se siente uno deseado. O simplemente se gasta para ser diferente. Cuando hay una bonita tela, o un bello tocado para el pelo, las mujeres están dispuestas a pagar precios más altos. En cambio lo que se compra para producir, siempre se puede comparar el precio, esperar, encontrar alternativas.

—Lo que yo vendo es único, es la posibilidad de ser diferente, es el deseo, el sueño. Vanidad, hija.

Se asombraba viendo lo ojos de las clientas cuando acariciaban las sedas provenientes de Francia o las lanas de Inglaterra. Se dio cuenta de lo fascinante que era el mundo de las mujeres, pero al mismo tiempo, se sentía excluida. Prefería aprender a tirar el cuchillo que a poner en orden los cubiertos en la mesa.

Todo cambió al morir su padre, víctima de los apaches. Fue a buscar un cargamento de telas a Guaymas. De regreso, la recua de mulas fue atacada y él fue asesinado. Ella tenía diecisiete años. Su abuela no sabía qué hacer. Maonia se volvió más rebelde, no se arreglaba, no asistía a ninguna tertulia y si la obedecía iba vestida como hombre, con una faja y un cuchillo en la cintura o bien con un peinado asido con ramas de palo verde. Usaba demasiados colgajos y pulseras que sólo se ponían los yaquis. Era impresentable. En Sonora no había lugar para una mujer sola. Tenían que casarla, pero nadie la quería.

La abuela, con el consentimiento del abuelo, tramó su casamiento con un hombre treinta años mayor que ella. Maonia se rebeló, no aceptó, se encerró en su cuarto, se negó a comer. El día de la boda, engañándola, le hicieron tomar gotas de láudano y medio dormida la llevaron a la iglesia. Cuando se dio cuenta, ya era la esposa de don Ignacio Sismenchal, criollo proveniente de Cataluña, el mayor criador de cerdos del estado.

Se negó a ser sumisa, se rehusó a consumar el matrimonio. Se cuenta que con violencia el esposo la violó. Al día siguiente fue a ver a su abuela, quien le dijo que aguantara, ya encontraría otras satisfacciones.

—Estar casada es ley —afirmó la anciana.

Entendió que no tenía más remedio que aguantar. Obtuvo permiso para que se fuera a vivir a su casa la nana yaqui. Entendió las reglas, así como había ayudado a su padre, Ignacio permitió que colaborara en su negocio. Se volvió una esposa devota a su marido. Para fortuna de ella, el esposo murió repentinamente de una extraña enfermedad.

Maonia se fue de Hermosillo para Guaymas, puso una tienda de telas, que muy pronto tuvo éxito debido a la buena calidad de la mercancía y porque se convirtió en un club de mujeres, un lugar donde se contaban sus penas, ahí cobraban existencia, no estaban solas. Si a alguien le faltaba algo, las que tenían se lo daban; era un organización de solidaridad femenina.

Sentadas bebiendo café y fumando se contaban sus vidas, sin hipocresías. Maonia aconsejaba: nunca para violentar el orden de sus vidas, sino para hacerles ver el lado cómico. Se burlaban, se reían de sí mismas. Maonia había sido aceptada en Guaymas, todos la respetaron.

* * *

—¡Adiós, Maonia! —dice mi padre, montado sobre el caballo rumbo a Hermosillo. Va por mercancía.

—No se le olvide mi encargo.

—Noooh, qué vaaa. ¡Cómo crees que lo voy olvidar, mi princesa!

—¿Por qué me dice princesa?, padre, sabe que me molesta.

—Mudas lo difícil en viento.

—¡Aaay padre! —tomé una piedrecilla del piso y se la aventé sonriendo.

Me acordaré toda mi vida de ese momento, del sol tibio de octubre que nos protegía. ¡Cuánto le erré!

No fue mi padre el que trajeron. Lo acomodaron sobre la mesa de la cocina, todas sus ropas jaloneadas y rotas, sin botas. Su cuerpo embarrado de sangre seca, agujeros color púrpura donde habían entrado flechas apaches. La cara… le habían arrancado el cuero cabelludo.

¿Adónde había quedado la mañana?

Mi padre: un pedazo de carne torturado con el horror en su cara.

En vez de vengarlo me ayuntaron con el más poderoso criador de puercos. Don Ignacio Sismenchal.

¿Qué otro destino tenía? Así lo pensaba la abuela.

A los diecisiete años me casaron; me mandaron a la cárcel. ¿El delito? Ser mujer, estar desamparada.

Cada vez que Ignacio me echaba encima su cuerpo gordo, mi nariz se llenaba a su olor de ajo rancio. Me restregaba como trapo viejo. Me torcía de dolor al sentir mi cuerpo machacado, aplastado, desgarrado.

El sol escapó, vivía entre sombras, olvidé quién era, no quería ver en qué había mudado: el trasto donde ese bruto deposita su basura. Permití que me mancharan, me destruyeran, no era más que su esclava a quien montaba cuando se le pegaba la gana, le gustaba rota, entre más quebrada mejor, entre más sumisa, más contento estaba.

Traté de aceptar la humillación que sentía todos los días. Pensé que podía vivir resignada, como decía la abuela: «¿Cuál otro destino tiene una mujer? Calla y aprende. ¿La felicidad? ¿Qué es eso, niña? Sólo en los cuentos que hay en los libros, esos que te contaba tu padre».

Traté de vivir contigo, Ignacio, traté de ser como aquellas flores amarillas del desierto que viven largos periodos de vida latente, dormida, esperando la lluvia, y en cuanto llega, crecen y florecen en un día; así sería mi vida, no importaba lo que fueran las noches. Las mañanas serían mías.

Me levantaba cuando aún estaba oscuro, echaba la cafetera, café, agua y piloncillo a las alforjas, ensillaba mi caballo y me largaba, recorría a galope tendido el desierto. Cuando el sol salía, me sentaba bajo la sombra de un mezquite o una columna de cardones, preparaba café, a veces asaba una liebre que cazaba, prendía un tabaco. Me paraba frente al sol, cerraba los ojos. Sentía que me diluía como el humo del tabaco en la claridad de la mañana. Mudaba en blanca mariposa, volando. Allá donde sale el sol, cubierto de flores.

Cantaba:

Tosali vaesevolimtea
Tosali vaesevolimtea
Hepelamsum chasaka
Ayaman ne seyewailo
taa´ata yeulu weyevetana
yeulu katekai
sime huya aniwachi
sea hepelasumchasaka
Tosali vaesevolimtea
Hepelasumsum chasaka

Cuando el calor era insoportable regresaba a Hermosillo con el cuerpo enredado de dolor. Nada era suficiente, nada me quitaba el nudo en mi vientre, el humo del tabaco no llenaba el vacío que sentía, de costilla a costilla. Había una fuerza que me enredaba y me jalaba; una soga de la que trataba de huir cabalgando, sintiendo los pelos del caballo en mi entrepierna, sin otra barrera que el ancho horizonte. Fue inútil, la cuerda era fuerte.

Una mañana, mi caballo con la panza herida por mis espuelas ávidas de viento, reventó: sus patas se volvieron trapo, echó un soplido, su hocico se llenó de espuma roja. Cayó fulminado. El golpe contra un arbusto espinoso me volvió al desierto.

Estaba en un valle muy amplio, enmarcado por sierras separadas, a mi alrededor había arbustos principalmente palo fierro y varias columnas de cactus: cardones, saguaros y pitahayas. Me quité el polvo del cuerpo y la sangre de la mejilla rasgada por espinas. Le di vuelta a las cosas: estaba a más de diez leguas de Hermosillo, imposible tratar de regresar con el sol en su fuerza. Tenía suficiente agua, estaba armada, no corría peligro. Debía quedarme, esperar que Yoem Woi mandara por mí. En el mejor de los casos sería hasta el día siguiente. Un inmenso cardón con su tronco y sus múltiples brazos como candelabro proporcionaba sombra, me acurruqué. Prendí un pequeño fuego para hacer café y tomarlo con sal, me refrescaría, no debía sudar.

Me llenó el silencio del desierto, mi corazón dejaba de correr, latía lento, olvidé Hermosillo, encontraba lo mío: la fuerza oculta. Luz sobre la negrura de mi alma. No era posible llevar la vida dormida que llevaba, vivir de día, desaparecer en la noche, la larva no se volvería mariposa, la lluvia no me haría florecer. Estaba muerta. La solidez de la arena entraba por mis pies; eran raíces que encontraban sustento en el desierto, como el cardón.

La fuerza era estar viva, no tener que ocultarme, no escapar.

Cuando el sol bajó, corté pitahayas dulces, su jugo pintaba mis labios de rojo.

Una enorme avispa revoloteaba a mi alrededor. A unos diez pasos una tarántula caminaba, cuando ésta vio a una avispa, fue muy tarde para huir. Se volteó de espaldas, sus patas se movían con frenesí, trataba de repeler el ataque. Después de unos minutos de intenso combate, la avispa con su largo aguijón picó la panza de la tarántula. Era una avispa halcón, la cual inyecta veneno que paraliza, no mata. La tarántula inmóvil, la avispa hembra deposita su huevo en el vientre. Como las hormigas, pueden cargar cien veces su peso, arrastró a la tarántula hasta su madriguera en el suelo. Tapó la entrada.

La presa sigue viva, no puede moverse. El huevo se convierte en larva, éste devora las entrañas de la tarántula, pone especial cuidado en no tocar el sistema nervioso para que la tarántula siga viva, debe tener carne fresca.

En primavera, de la madriguera sale una avispa adulta.

Matar para vivir. Ley del desierto.

Tenía que matarte, Ignacio. Vivir para vengar a mi padre.

Pintado el cielo de suaves colores, la noche llegó.

* * *

Perdimos las huellas de los apaches cuando llegamos al cerro Cecahui. Acampamos en ese lugar. Comimos carne seca y agua. No prendimos fuego. Continuamos nuestra ruta hacia el norte. Habíamos dejado el desierto, nos hallábamos en tierra extraña, altos pastos llegaban hasta la panza de los caballos. La tierra estaba cortada por barrancas. Cabalgábamos sin prisa, estábamos cerca, lo sabía. El viento nos ayudaba, venía de enfrente, no podían olernos.

Guirobacot hizo una seña imperativa, con la mano indicó una ligera columna de humo.

Descendimos de los caballos, los dejamos amarrados. Tomamos nuestros fusiles y comenzamos a acercarnos. Oímos risas de niños. Guirobacot nos hizo seña de esperar, sin ruido desapareció. Regresó al atardecer.

—Son ellos —dijo.

—Conté veinte guerreros, más quién sabe cuántas mujeres y niños.

—¿Está él allí? —pregunté.

—Sí.

—¿Está su hijo?

—Sí.

—Quiero a ese conejo nuevo.

—¿Cuál es el plan? —pregunté.

Guirobacot se quedó pensando, hizo unos dibujos con su cuchillo sobre la tierra. Miró el cielo y dijo:

—Habrá luna llena, están confiados, no nos esperan. Nos dividiremos en tres grupos. Atacaremos en noche, cuando compartan cazuela. Están en orillas del cerro. Difícil que escapen por ahí, sólo pueden por los lados, llegaremos por ahí. Un grupo por cada lado. Ése será el primer poder. El tercer grupo se quedará atrás formando un círculo, será el segundo poder. A mi señal el primer poder ataca, llegaremos corriendo hasta ellos, debemos imponernos. Habrá guerreros que se levanten, ésos nos combatirán, el primer poder los aplaca. Otros tratarán de huir, le corresponde al segundo poder tirarlos. Con esto bastará. Entenderán que los que ven no son todos. Dudarán, será suficiente para aplacarlos.

Sauabite manda el segundo poder, estará atrás. Nahuipo y Paacoma serán el primer poder que se pondrá del lado del monte. Señaló las posiciones en la tierra.

—Vale sorpresa; no darles oportunidad a que dejen cuchara por rifle. Cuidado, si caen en terror, tiros resuelven el asunto. No es la razón de la jefa.

—Nos acercaremos hasta mirar sus cuerpos. Avisaré para estar listos. Daré un grito, señal de ataque, corran hasta llegar al campamento, hagan ruido, impongan poder, creen miedo, cierren todas las huidas. Vuelvo de nuevo: si un guerrero se levanta, lo tira el primer poder, si huye, el segundo.

—Aaki Sewa, jalamos juntos, con primer grupo, cuando se rindan, cumplo: entrego a jefe y al hijo. Si no sucede así *Yóo Jo´ara* no lo desea.

—¿Queda? Preguntó a sus hombres.

—Queda —respondieron.

Nos arrastramos hasta ojear sus sombras. Nos tendimos como culebras a esperar la noche.

Me puse atender mi interior, me sentía amarrada por dos reatas: una jalaba para que huyera. Había sufrido con tu muerte, Ignacio, la inocencia se pierde, me llené de dudas, no sabía por qué me había mudado en destino. Rompí el *Yóo Jo´ara*. Te mandé a la otra vida, la del silencio perpetuo. Te quité todo, te borré del recuerdo, te convertí en arena. Nada me preparó cuando vi que de tu boca salían tripas revueltas. ¿Cómo justificaba mi actitud? ¿Acaso valía la pena conseguir mi libertad a cambio de tanto dolor? No lo sé. Por eso ahora quiero huir, porque no quiero más dolor.

Pero ahí está la otra reata, la que me jala a recuperar el honor perdido por el asesinato de mi padre, de ésa no me deshago. Volveré a matar o a unirme en la muerte con mi padre, con el cuerpo atravesado por una flecha. La violencia me arrastró.

Fue fácil fingir ser la hembra quieta; la burra que buscabas, Ignacio. Te convencí de que te podía ayudar en el rancho, como lo había hecho con mi padre en la tienda. Aceptaste, me dejaste ver tus dineros, hablar con tu gente, atendí tu negocio. Así te pude robar. Reuní dos talegas de pesos de plata de ley. Buena moneda que abre lo que se quiere. Comencé a gastar para encontrarlos.

Cuando te mataron fui con el justicia mayor, el gobernador, el comandante general. Ni me atendieron, ni siquiera me oyeron.

«Lamentamos lo ocurrido pero no tenemos suficientes hombres para ir a rastrear una banda de indios, si tuviéramos dinero…».

Me dejaron las riendas del caballo. Conseguí al mejor rastreador yaqui. Guirobacot jaló conmigo, encontró la banda de chiricahuas que había matado a mi padre. Averiguó lo que yo buscaba. El jefe tenía un hijo.

También te convencí de que necesitaba a Yoem Woi, no te opusiste, no sospechaste; ella tiene *Séa Jó ara*, habla con el mundo oculto, encontró polvo blanco del silencio, me explicó cómo mezclarlo con tu comida. Comenzó el tiempo en que la luna se oculta y el sol no sale. El progreso fue lento, comenzaste a debilitarte, una fiebre maligna dijo el doctor. Te deslizabas hacia la oscuridad, mientras yo permanecía oculta, con impunidad. ¿Quién sospecharía de la esposa niña, la burra propiedad de don Ignacio Sismenchal?

Cuando todo tu cuerpo quedó sin más ayuda que la de tu corazón que se resistía a pararse, retaqué tu boca de polvo lleno de odio, lo mezclé con agua de fierro. Fue el paso final, nadie te pudo salvar.

No soporté tus gritos al mudarte en fuego líquido que te salía por todos lados. Así te moriste, Ignacio, quemado. Fue Yoem Woi quien te atendió. Ella fue la que se quedó con manos llenas de tu sangre, ella fue la que te preparó para tu viaje. Ella fue la que anunció a tu familia que no podía atenderlos, estaba desecha, perdida de dolor. Pura verdad, pero era porque sentía que lo arrancado había mudado a mi cuerpo, porque supe que tendría que seguir viviendo contigo enquistado dentro, Ignacio.

Ahora es diferente, ahora es la fuerza que me hace temblar. Tengo miedo, no sé si es el final, si podré vivir o seré una rama torcida que no llega a árbol. No importaba lo que pensara, en unos momentos se acabaría la vida que había llevado, esa sed de venganza que fue cada vez más demandante; un veneno que corroe. Tenía que curarme para poder enfrentar lo que seguía. ¿Qué? ¿Un principio o sería el fin?

Escondida, inmóvil, dudé… y si no podía luchar, y si nos vencían, y si una flecha me agujeraba la panza. Morir con los intestinos al aire, como mi padre.

Fuera lo que fuera, tenía miedo. Sin moverme, me oriné.

La luna había tragado la noche, derramaba luz fría que empañaba árboles y matorrales.

Guibacot me tomó del brazo. Me hizo seña preguntando:

—¿Está lista?

Respiré profundo, atravesaría una puerta y no había regreso. Asentí.

Guirobacot hizo el llamado del búho. Corrimos hacia el campamento.

—Aswhin. Aswhin ¡Quietos! ¡Quietos! ¡Todos sentados!

Un apache que estaba atrás de la fogata venía con una cazuela, la aventó y salió corriendo. Otros sentados trataron de levantarse, los aplacaron con a culatazos de rifle. Uno logró correr hacia las sombras, se oyó un disparo y un grito.

—¡Buen trabajo, Sauabite!

—Están dominados, Aswhin. Venimos a que la jefa tome lo suyo.

Me acerqué hasta el jefe:

—Varios años atrás tu cuchillo cortó su cuero cabelludo estando vivo. Lo mataste sin que pudiera morir como macho.

—El destino quiso que nos encontráramos. No hubo nada más que hacer.

—Sí, terminar lo inacabado, tomar lo que me corresponde.

—Tu hijo mayor queda conmigo hasta que pague la deuda. Estará libre una vez pagada.

El apache no vio mi cuchillo que venía de arriba abajo y le sacó las tripas.

Dio un alarido y se agachó para tratar de impedir que la vida se fuera por esa masa gris llena de sangre que tenía ente las manos. Una segunda cuchillada cortó de tajo su garganta dejando salir un soplido como si un fuelle se quedara sin aire. Se quedó tirado revolcándose entre su propia sangre y su cabeza separada.

El hijo quedó paralizado con una mueca de horror.

Levanté mis manos llenas de sangre, grité mi venganza a la luna.

Contra su voluntad, el hijo llegó vivo a Guaymas. Se negó a comer y beber, se desmayó al segundo día. Con mi cuchillo separé sus dientes, lo obligué a beber pinole con agua. Lo encerré en un cuarto tres semanas. Durante las primeras dos, estrellaba la cabeza contra las paredes, contra la puerta. Aullaba, se desgarraba. Después lloró, primero fue con rabia, luego con lástima. Al final de la tercera semana lo saqué, su cuerpo era una masa de suciedad y sangre. Lo mandé a bañar, ordené que le dieran de comer. Lo puse en una habitación bien ventilada, tranquila. Se mantuvo quieto, medio dormido. Cuando vi que mejoraba, lo regresé a su celda.

***

Me clavan de nuevo en medio de las paredes de piedra. Lucho, me parto la cara contra ellas para que hablen, pido a la tierra que me arrume. ¿Cómo puedo atrapar a la muerte para que me lleve? No podré dudar de que mi padre muriera por mi culpa. Pude salvarlo de la mujer, pude. Estaba muy cerca, pude levantar el brazo, desarmarla. No lo hice, me atajó el terror. Quedé tullido. Pude cambiar los actos guerreros de la mujer. No lo hice.

Cuando estoy a punto de reventar para ir más allá de la planicie, me sacan de la celda, veo luz, siento el sol sobre mi cara. El calor empieza a expulsar las sombras de mi espíritu. En ese momento me toman y me precipitan de nuevo a la oscuridad.

Me sacan, me conservan, no quiero regresar, el espíritu de las paredes tienta el mal, la vergüenza, el odio; sólo la muerte puede lavar, la busco y no viene, me abandona.

Ella me llama, estrella mi cabeza contra la piedra, no quiero oírla, su fuerza es grande. Me llama, me arrastran a verla. Ella está sola.

Agacho la cabeza, busco la oscuridad, con su mano llena de metal que hace ruido como pájaro, jala mis cabellos, me obliga a atenderla, está vestida con pantalones y una faja de tela de la que asoma el mango de un puñal. Su cara me cautiva, no puedo dejar de verla.

—Mangwe —dice la mujer—, ahora éste es tu nombre. Los *yoris* dicen Manolo. Estás aquí para responder y lavar el honor de tu padre. Mató al mío. Tienes que pagar, rescatarlo. Para eso debes cumplir con mis deseos, si no lo haces dejas en prenda el alma de tu padre.

—Ésa no es mi ley, ni la de mi tribu —digo.

—No, pero sí es la mía y la tienes que cumplir. No defendiste a tu padre, actuaste como si no fueras hombre. Aquí lo serás, debes pagar por ti y por tu padre. Lo harás sirviéndome. Dejarás de ser apache, hombre del desierto. Serás mi esclavo. Has perdido tu libertad. Una vez que hayas pagado te devolveré lo que perdiste. Si no lo haces, volverás a la oscuridad, te encerraré, pero no te dejaré morir.

—Rescataré el alma de mi padre —respondo.

* * *

Llegó la orden: debíamos desalojar Guaymas, instalarnos en las afueras de la ciudad. El gobernador tuvo que reunir las autorizaciones necesarias de la Junta de Gobierno antes de permitirnos continuar nuestro viaje hacia la mina. El conde me mandó a redactar la siguiente carta:

Excelentísimo Gobernador Constitucional
Departamento de Sonora
Presente

Para nuestra gran sorpresa recibimos una orden que nos impide dirigirnos al interior de Sonora hasta que tengamos la autorización de la Junta de Gobierno. Suplico tome en consideración que tengo en mis manos el título de concesión expedido por el Gobierno de Méjico. La empresa beneficiaria me ordena tomar posesión de la mina cuanto antes.

La autorización requerida nos causa retraso innecesario y daño, tengo varios enfermos. Como elemental cortesía a su alta investidura, a la Junta de Honor y a mi carácter de extranjero, le manifiesto que cumpliré con lo ordenado por V.E.

Externo mis deseos, para que la espera sea corta. Si no fuere así, deberé tomar las medidas pertinentes al bienestar de mis hombres y a la misión que se me ha encomendado en este país.

Conde Gastón de Raousset-Boulbon
Comandante Compañía Restauradora de Mina de la Arizona

El conde se había informado sobre la tienda de Maonia. Sabía que a las diez y media se encontraba vacía, cuando las mujeres se retiraban a preparar el almuerzo. Llegó a las once de la mañana. Era un cuarto rectangular. Al fondo, las repisas ocupaban toda la pared llegando hasta el techo, estaban repletas de rollos de telas. Al frente, un mostrador de encino; el piso era de gruesas duelas de madera. No había nadie. Una puerta abierta daba al patio, las montañas al fondo sobresalían imponiendo su presencia.

Ella llegó del interior de la tienda, el indio la seguía, Maonia se volteó:

—*Mangwe inii híba*.

Se paró frente a él.

—Se le ofrece algo —dijo señalando con las manos la tienda, las pulseras de su mano brillaron con el sol.

Hizo caso omiso a la provocación.

—No, señora, el asunto que me trae…

—Le suplico tome asiento —ella le indicó una de las sillas.

—Deseo explicarme. Estamos aquí por lo que es nuestro. Ayer, abusando de su condición de mujer expresó comentarios humillantes. Vengo a exigir una reparación.

—No puede haber una, mi señor. Está aquí invadiendo. Entró a la ciudad como dueño y señor, haciendo ruido fuerte con sus hombres armados. Actúan como si festejaran una conquista. ¡No han conquistado nada! No puede pedir nuestra complacencia.

—No somos invasores, venimos a explotar una mina que traerá prosperidad a Sonora. Procedemos de San Francisco, donde el destino se burló de nosotros. No lo hará dos veces. Vengo a tomar lo que es mío.

El indio se mantenía prudente.

—*Mangwe kápe* —dijo ella y el indio se retiró.

El conde continuó:

—Vendrán compatriotas de San Francisco, se instalarán, traerán industria. La plata de la mina será camino seguro y comercio.

—Tiene razón mi señor. Necesitamos una Sonora fuerte para frenar a los anglos y evitar que ellos tomen más de nosotros. La mayoría estamos cansados del desorden, de la inseguridad, de los préstamos forzosos que hacen nuestros gobernantes. Muchos pensamos que la única solución tiene que venir de fuera.

Mangwe llegó con una charola de plata servida con café humeante, la puso sobre la mesa y se retiró.

—Con confianza, mi señor, tome café caliente, sudará y sentirá menos calor.

El conde tomó una taza, se la llevó a los labios e hizo una mueca. Puso el pocillo sobre la mesa.

—Lo prefiero sin piloncillo.

—Lo tendré en cuenta.

—Volviendo a mi asunto señora, no vea en mi persona a un enemigo, sino a un aliado. Dicho esto, encuentro su comportamiento totalmente fuera de lugar. Enfrentarme así, ante mis hombres, ha sido una ofensa. Si hubiera sido un hombre solicitaría que el agravio se limpiara con sangre. Usted desafortunadamente es mujer, no puedo retarla a duelo, pero vengo a exigir una disculpa.

—Como le dije, mi señor, es la manera que tenemos de expresarnos. No conozco las costumbres de su país, aquí cuando algo no nos parece, los decimos sin redimas. Si no le gusta a quien escucha, se dobla o la revira. No fue una agresión, sino la expresión del malestar que sus hombres causan en mi ciudad. Y como dije, no fue mi intención insultarlo, la única reparación que le ofrezco es mi disculpa.

Él se levantó, le tomó la mano, se inclinó hacia ella.

—Mi señora, reciba y acepte mis respetos, lo suplico.

—Los tiene, mi señor. Pero quisiera pedirle un favor.

—Lo tiene concedido, mi señora.

—Sus hombres no pueden estar en la ciudad. No se comportan.

—No es necesario que pida ese favor, pues acabamos de recibir la orden del gobernador de instalarnos fuera de Guaymas. Nos prohíbe continuar aquí hasta en tanto no obtenga la autorización de la Junta.

Ella guardó silencio.

—Es raro. Aguilar tiene a todo el gobierno en su bolsillo, no necesita ninguna autorización… Está ganando tiempo.

—¿Para qué?

—¿Eso es lo que hay atinar? —dijo ella.

—¿Lo podría usted hacer, mi señora?

—Sí, con tiempo, sabiendo preguntar, las esposas saben muchas cosas. Lo puedo hacer.

—¿Qué negocio traerá el gobernador?

—De seguro mantener las cosas como están.

—Vengo a cambiar el pasado.

Se le quedó viendo.

—¿Cómo lo hará, Conde? ¿Cómo cambiará Sonora, donde el pasado aún perdura? ¿Cómo destruirá eso, mi señor?

—Como se terminan todos los pasados, con el soplo del viento. La mina es indispensable, mi señora. Sin plata… no hay nada.

—No crea que todo será como se lo imagina, mi señor. Una fortuna así no basta llegar y apropiársela, se la querrán arrebatar. El gobernador está ya metido, me entero.

—Pero traigo justo título…

—Eso nunca ha sido un obstáculo para tomar lo que uno quiere.

—No acepto las cartas del destino, mi señora.

—Yo tampoco, mi señor. Vivo callando un resentimiento. He ganado un lugar en Guaymas pero sólo dejándome chingar. Siempre que se apunta un macho para un negocio, hay que dejarse; una mujer no puede competir. Así piensan, entonces hay que callar y permitir que en todos los negocios te chinguen, lucho procurando que sea lo menos, deben demostrar que están arriba de ti. Con las hembras es lo mismo, tienen miedo de que les chingues a sus machos, te ven con recelo. Así que vivo con la mirada baja. En la tienda es diferente, aquí somos iguales, pero fuera, no. Le ayudaré a que consiga su mina y usted abonará felicidad a Sonora.

Capítulo VII

El yaqui Antonio Sirumea quería cambiar su vida.

—Mujer, me voy pa' minero.

—No, Antonio, no te marches, sin ti moriremos.

—¡No! Voy pa' minero, lo vi en un sueño, vi plata. El pueblo se encargará de ti. La cosecha de trigo está buena, no faltará alimento.

Al día siguiente antes del amanecer, Antonio Sirumea, minero, salió de su pueblo. Corría el año de 1736. Había escuchado la historia de apaches chiricahuas que disparaban balas de plata. ¿De dónde la sacaban? Merodeaban entre los presidios de Tucson y Hermosillo. Allá se dirigió. Cambió maíz por una mula, herramientas, palanca, pala y cuñas. También llevó alimentos, sal, café, pinole.

Pasó varios meses en la zona, escondiéndose, caminando entre maleza de espinos, evitando los senderos, las víboras, los escorpiones. Cuando creía ver una veta, desmontaba la mula, limpiaba el terreno, perforaba con la palanca y la cuña, sus golpes se perdían en ecos por los cañones de rocas peladas. Obtenía algunas pepitas, nada que valiera su esfuerzo, sólo lo necesario para comprar alimento y mandar algo de comida a casa. Dormía donde le agarraba la noche. Si la caza fallaba, se contentaba con un puñado de pinole y unos tragos de agua sacada de las charcas. Cuando se le acababa el pinole regresaba al pueblo de Magdalena a suplirse.

Después de varios meses de búsqueda, se encontraba en el cerro conocido como Arizonac. Decidió pasar la noche en una hondonada, al abrigo del viento, pero escondido. Con pala excavó un agujero, prendió fuego, lo ocultó con ramas. Cocinó una perdiz a las brasas sobre dos palos de mezquite y tomó café. Después de comer se envolvió en su sarape, echó más ramas secas a la hoguera y se durmió con el crepitar del fuego.

A la mañana siguiente sintió sus huesos helados, empezó a cargar la mula, exploraría la otra ladera. Con su pie removió los rescoldos, quería cerciorarse de que estaba apagada. Un brillo plateado llamó de inmediato su atención, limpió la superficie, era un pedazo de por lo menos treinta kilos, tenía muy poca escoria y piedras. ¡Prácticamente plata pura!

El minero Sirumea llevó la plata a Magdalena, compró más aperos, una recua de mulas, contrató peones y regresó a Arizonac.

La noticia corrió como reguero de pólvora, llegó a oídos del capitán comandante del Presidio de Santa Rosa y Justicia Mayor de Sonora, Juan Bautista de Anza. Fue a ver la pieza que trajo el minero. Sus sospechas parecían fundadas. Organizó una exploración a la mina. Antes de que los apaches los desalojaran obtuvo una pieza que pesaba más de 1,300 kilogramos. Se la envió al Rey. Llamó a la mina Planchas de Plata, debido a que el metal estaba en trozos a flor de tierra, en un estado tan puro que sospechó era un tesoro. Emitió un decreto por el que declaraba confiscada la mina a nombre del Rey de España. S.A. Felipe V.

Recurrió a la Compañía de Jesús, la cual inició un proceso ante las Cortes de España cuyo objetivo era determinar si era tesoro o riqueza mineral. El asunto sobre su origen tenía radicales consecuencias. Según las Leyes de Indias, tratándose de tesoros, el 1.5% le corresponde al fundidor, sobre el resto, la mitad es del Rey y la otra mitad para el descubridor. Situación muy diferente si lo descubierto es una mina, en este caso sólo le pertenece al Rey el quinto real, o sea una quinta parte.

Durante el proceso, que duró cinco años, expertos y sacerdotes debatieron sobre el asunto, hubo dos planteamientos: unos creían que se trataba de plata que la naturaleza creó virgen y en forma de piedras, otros pensaban que eran alhajas de los indios que habían sido fundidas y con el tiempo adquirieron forma de piedras. Finalmente, mediante un Decreto Real el 28 de mayo de 1741, el rey Felipe V determinó lo último, por lo tanto pertenecía al monarca. Cerró su explotación.

El descubridor Antonio Sirumea debía ser apresado, pues omitió registrar la mina y pagar los impuestos correspondientes. El veredicto fue conocido en Sonora dos años después. Ni huellas del yaqui Sirumea. Juan Bautista de Anza tampoco se encontraba, había ido a California a fundar una nueva colonia, nada menos lo que ahora era San Francisco. Nadie se acordaba de la mina Planchas de Plata.

En 1820 hubo un intento de explotar la mina. Juan Ayala y veinte hombres se instalaron, pero no pudieron trabajar porque los apaches los atacaban continuamente. Abandonaron el lugar al cabo de dos semanas. Ayala perdió dos hombres, no reportó mayores hallazgos, excepto unas cuantas piedras que sirvieron para pagar los gastos de la expedición y el resto fue dado a las viudas de los mineros muertos.

El futuro capitán del ejército norteamericano Cadler P. Stone hizo un mapa de la ubicación del subterráneo y lo depositó en el archivo General de Minas en la ciudad de Méjico. Juan Bautista Jecker robó el croquis.

Volví a ver a Jecker en su casa, al día siguiente de nuestra entrevista. Recibí una nota en la que me invitaba a cenar. La residencia de mi anfitrión se encontraba junto al convento de la Merced, en la calle Roldán, al borde del canal de la Viga, donde embarcaciones planas trasportaban verduras, plantas y carne procedentes de Chalco, Texcoco y Xochimilco. La vivienda había sido construida en dos plantas, todas las habitaciones tenían puertas y delgadas ventanas enrejadas que daban sobre el corredor, la planta baja estaba decorada con macetas de flores.

Un sirviente me introdujo al comedor, una estancia enorme cuyo centro lo ocupaba una mesa de madera sobrepuesta a un enorme bloque de ónix. El silencio era total, no se oían pasos, los sirvientes andaban descalzos. Una puerta al fondo se abrió de par en par, Jecker llegó acompañado por un hombre.

—Ernest Vigneaux, gran placer de volverlo a ver —dijo Jecker con su helada sonrisa—, permítame presentarle a André Levasseur, ministro plenipotenciario de Francia.

—Hagan el favor de sentarse —dijo Jecker al tiempo que indicaba nuestros lugares.

Jecker se sentó en la cabecera, Levasseur a su derecha y yo a la izquierda.

—Vigneaux, placer conocerlo —dijo el ministro—, conozco la reputación de su abuelo, un hombre excepcional. Tiene usted un caso imposible de ganar.

—Nada es imposible, señor, sólo se cambian los objetivos, eso es todo. Cuando se pierde también se gana.

—Lo hemos invitado porque deseamos que se una a nosotros —intervino Jecker.

—¿Nosotros?

—Jecker y yo somos socios —respondió el ministro con naturalidad.

Del otro lado del comedor, donde debía estar la cocina, llegaron cuatro sirvientes con dos platos cada uno, seguidos por un mayordomo con una botella de vino. Los meseros colocaron frente a cada uno de los invitados un plato hondo con sopa acompañado de diminutas empanadas. El mayordomo anunció en francés:

—Consomé emulsionado con hongos, empanadas de Pachuca rellenas de carne, papas y especies, vino Crozes Hermitage 1843.

Cuando los meseros se retiraron Jecker intervino:

—Mire, Vigneaux, lo que deseamos no es sólo la mina, eso es apenas el principio. Hablo de mercados para nuestras mercancías. Mire usted —continuó Jecker mientras comía una empanada—, de los cuarenta y nueve países a los que exporta Francia, Méjico ocupa el lugar número veinte.

Levasseur tomó la palabra:

—Méjico es un mercado para nuestras maquinarias, sedas, vinos, aguardientes y comestibles. Si no aseguramos una presencia fuerte en Sonora, los americanos serán quienes venderán sus productos, la tienen fácil, sobre todo después de la guerra la frontera quedó más cerca del centro comercial de Sonora que es Hermosillo. No existen barreras para que la mercancía americana se comercialice.

—Sonora no puede ser manufacturero, no junto a Estados Unidos. Hace sesenta años, en el momento de su independencia tenían cuatro millones de habitantes, ahora tienen veinticinco, la emigración llega a sus tierras de todas partes del globo, nosotros hemos fallado en traer familias europeas, nuestro sistema jurídico limita las formas de adquirir la tierra, tenemos procedimientos complicados, largos, usted sabe, cosas de abogados. Estados Unidos absorbe individuos de la populosa Europa, su marina compite con la de Gran Bretaña. ¿Qué hemos hecho para atraer aunque sea una mínima parte de esa emigración? Ellos se han convertido en una potencia: tienen 10,000 millas de ferrocarril, Gran Bretaña cuenta con 6,000 mil. La industria textil de 1821 a 1824 tuvo ventas por 39 millones de dólares. En 1844 vendió 89 millones. El comercio es aún más prodigioso que la industria. Nos interesan las riquezas de Sonora, pero también su situación geográfica —continuó Jecker—. Desde el puerto de Guaymas cubriremos al sur: Mazatlán, San Blas, Acapulco, Guayaquil, San Francisco al norte. Asegurando Sonora tendremos el control sobre toda la costa oeste de Méjico.

—Sonora es un territorio grande y peligroso —afirmé—, sin presencia militar que proteja y garantice el comercio, ¿cómo pretenden asegurar este territorio?

—¡Con la emigración francesa! —contestó Jecker—. ¿Cuál ha sido el éxito de los americanos? ¡La emigración! Cada francés que venga traerá civilización en sus hábitos, en su industria, los comunicará a los sonorenses.

—Eso tomará muchos años, no puede ocurrir de la noche a la mañana —afirmé.

—En nuestro caso sí, hay más de cinco mil franceses en San Francisco —afirmó—. Militares, notarios, ingenieros, comerciantes, agricultores. Gente emprendedora, no dudaron en arriesgar y dejar todo para buscar fortuna. La fiebre del oro pasó a su lado, se han marginado en pequeños empleos. La mayoría están desesperados, esperando otra oportunidad, quizá la última. Ofreceremos lo mismo que los norteamericanos: libertad y riquezas. Con la mina Planchas de Plata en nuestro poder, en seis meses tendremos tres mil hombres.

Levasseur continuó:

—Los franceses se asimilarán de inmediato a los sonorenses. Son razas hermanas.

—¿Habla por Francia, señor?

—No, Francia no se ocupa de Méjico —intervino Levasseur—, ni le interesa y seguramente sólo algunos saben de su existencia, menos aún de Sonora. Francia está ocupada con la guerra en Crimea, nada de lo que sucede aquí le puede importar. Hablamos por nosotros. Queremos una Francia manufacturera de materia prima sonorense, deseamos su oro y plata, buscamos un mercado que compre nuestras mercancías. Lo mejor de todo es que la inversión para beneficiar la plata es casi nula, está a flor de tierra, sólo debemos asegurar el suministro de azogue con el que podemos beneficiar el metal. En menos de seis meses tendremos circulante firme.

Levasseur hizo una pausa, después siguió con su discurso.

—Sobre todo, deseo que Francia vuelva a ser el faro del mundo, que vuelva a ocupar el predomino mundial que tuvo durante el antiguo régimen, que ocupe su lugar en América.

Llegaron de nuevo los meseros. Pusieron los platos frente a nosotros. El mayordomo cantó:

—Costillas de cordero rostizado en costra de almendra, acompañadas de salsa de chocolate perfumada con chile pasilla, guarnición de maíz con crema de Chalco, vino Gevrey Chambertin.

—Lo necesitamos para que dirija la operación de beneficio. Usted ejecutará la voluntad de la Compañía Restauradora de Arizona —propuso Jecker.

—Evidentemente, Vigneaux, su participación está directamente relacionada con la plata.

—¿De cuánto hablamos?

—De una fortuna. Un trono de plata para usted y sus descendientes —respondió Jecker.

—Me pide que traicione a mi cliente —dije.

—No hay traición, Vigneaux, sólo debe ponerse del lado del ganador.

Mientras el sabor del chocolate y el chile arrebataban mis sentidos, deseaba decir sí, pero me quedé callado. Podría justificar mi fracaso. Diría a mi cliente que Juan Bautista Jecker, su hombre de confianza en Méjico lo había traicionado. Podría justificarme ante mi padre: las autoridades son corruptas. Lo entendería. Podría justificarme ante mis colegas: nos habían educado para conocer la ley, encontrar una solución a los problemas de nuestros clientes, convencer al juez de que teníamos razón. La ley que imperaba en Méjico no estaba basada en la razón sino en el engaño y la fuerza. Fuerza por las armas o por dinero, pero fuerza al fin. Por lo tanto, estaba claro que no tenía nada que hacer. Mis cofrades entenderían. Podría justificarme ante mis amigos: en un país bárbaro, la razón y el convencimiento eran insuficientes para restablecer a mi cliente en sus derechos. Entenderían.

Pero nada justificaba este afán por lanzarme a buscar riqueza. Ni siquiera era la opulencia la que me seducía, sino el poder. Crear las reglas y aplicarlas. Eso era el poder. ¡Qué importaban todos! Lo interesante era tener frente a mí la oportunidad de ser poderoso y rico. En este país era imposible sustraerse a la ambición, estaba en el aire, todo era posible, no se veían los límites.

Recordé a un viejo abogado. Había sido el mejor de París, tuvo buenos casos, pero llevaba una vejez necesitada. Varios colegas, entre ellos mi padre, le ayudaban económicamente. Una tarde de otoño papá me encomendó llevarle un abrigo, el invierno se anunciaba inclemente. Me invitó a tomar café en su buhardilla que ocupaba en el séptimo piso de un edificio en la rue Saint Dominique, cerca de los Inválidos. Era un hombre alto y delgado, parecía rama de árbol: flexible y dura. Mirada glauca, caminaba arrastrando los pies. Cuando hablaba, lo hacía con elegancia y desenvoltura. De un asunto pasaba a otro, sin orden, pronto sucumbí a su gracia e inteligencia, participé en una charla animada en la que descubrí gustos similares y me asombraba ante la riqueza y profundidad de su experiencia. Sin darnos cuenta nos había sorprendido la noche. Lo invité a cenar en mi restaurante preferido de Montparnasse: ensalada tibia de vieiras con vinagreta de frambuesas, filete de rodaballo con sala bernesa. Terminamos con un tarta de manzana, todo rociado de un vino Mersault cosecha 36. Con el café prendimos los habanos y bebimos un armagnac del año de la coronación del Emperador, 1804. Le hice la pregunta que desde el inicio de nuestra charla la deseaba hacer.

—Maestro, disculpe la impertinencia de la pregunta. Por sus manos pasaron las mejores fortunas de Francia, tuvo grandes casos ¿Por qué vive precariamente?

Una chispa avivó su mirada. Me miró con orgullo y dijo:

—Es cierto, tuve los mejores casos, varias fortunas pasaron por mis manos —hizo un molinete con su brazo como si estuviera de nuevo con toga en el tribunal—. ¡El dinero! ¡Bah! ¡Había que agacharse a recogerlo!

No quería ser como él. Aquí era libre. Méjico me había cambiado. Podía romper la tradición familiar. No deseaba ayudar a la gente ni ser igual a mi abuelo y a mi padre. Anhelaba apoderarme de la riqueza de Sonora. Traicionaba a mi cliente; tenía obligación de representar sus intereses, a pesar de no poder revertir su quebranto, debía buscar alternativas, una indemnización, una participación con Jecker, obtener algo. En lugar de eso utilizaba mi posición para enriquecerme.

Mi padre me repudiará. ¿Mi madre? Era como yo, vivía encallada, en medio del inmenso mar de los deseos aplazados. Entendería. Hasta entonces había hecho lo conveniente, ahora haría lo correcto. A partir de aquí debía seguir mi camino. Me gustaba Méjico, era un país donde la libertad era lo que más abundaba.

Recordé los días en los que un malestar me hacía tomar el primer tren al Havre. Encontraba solaz en el muelle, observando a marineros, aparejos y vituallas que se perdían en barcos transoceánicos. Cerraba los ojos, fumaba un cigarrillo, me imaginaba cruzando el puente que separa el barco del muelle. Cuando los abría, el barco ya había partido. Ahora sí embarcaría.

—Acepto, señores. Seré su hombre.

—Entonces todo está resuelto —dijo Jecker—. Seguimos con nuestro plan, señores. Vigneaux partirá a San Francisco a contratar a doscientos cincuenta hombres de confianza y a comprar las armas y vituallas que sean necesarias. Enviaré una carta de presentación a nuestro cónsul, Patrice Dillon, le ayudará. Una vez hecho esto, partirá de inmediato para Guaymas y asegurará lo necesario. ¡Brindemos, señores!

Jecker tocó una campanilla y trajeron una botella de champaña, la descorchó, nos sirvió derramando las copas. Nos levantamos.

—¡Por Sonora!

Capítulo VIII

Ciudad de Méjico, mayo de 1854.

Querida mamá:

Hace noventa y dos días que dejé Francia. Noventa y dos. Los números nueve y dos no tienen nada que ver con el extrañamiento que me produce Méjico, todo es diferente para los franceses: la gente, la comida, el clima, las costumbres, los colores, el aire, la vegetación, la fauna. Todo.

Finalmente, aquella frase tuya: «Ernest, un día conocerás esos países», se hizo realidad, ¿te acuerdas?... Al amanecer, antes de que todos en la casa se despertaran, sigilosamente atravesaba el pasillo que separaba mi recámara de la tuya, me deslizaba bajo las sábanas, me tapaba con el edredón y me acurrucaba junto a ti. Tu cuerpo olía a hierbabuena, te volteabas dándome la espalda, me aferraba suavemente a tu cuerpo, tu calor fundía mis miedos, me sentía amado, protegido, en esos efímeros momentos nada me importaba.

En familia hablábamos francés, pero cuando me abrazaba a tu espalda, al acariciar tu suave cabello me hablabas en español. Me contabas relatos de viajes, cerrabas los ojos; ¡la travesía comenzaba!

Me llevabas en un zampam por el mar de China. Viajábamos en camello por las arenas que bordean el mar rojo, en las selvas del Tonkin luchábamos contra las fieras salvajes, huíamos en barcos de cinco mástiles con todas las velas llenas del cálido siroco, atravesábamos el Cabo de Hornos y llegábamos...

Nunca llegábamos, jamás culminaba la historia, siempre al final perdías interés, repentinamente te quedabas callada. No veía tu rostro, sólo sentía el dulce calor que emanaba de tu cuerpo y tu dura voz de castilla.

—¿En qué termina la historia? —preguntaba.

Siempre respondías lo mismo:

—Ernest: un día conocerás esos lugares...

Hoy comienzo a realizar lo que era mi vida antes, vivía en la prisión de las obligaciones hacia mi padre. Tuve que traicionarlo para salir de la cárcel. Estoy libre, por mi cuenta seré inmensamente rico. La fuerza y el deseo para romper me la dio Méjico. Es un país fuerte que te envuelve, pone a hervir la sangre de deseos, es un lugar donde todo es posible.

El 21 de abril nuestro barco aparejó en el muelle del puerto de Veracruz, que fue construido en el mismo sitio donde Cortés desembarcó hace exactamente 334 años, en 1519, se le puso el nombre de Cruz Verdadera. La ciudad actual fue fundada por el Virrey Conde de Monterrey a fines del siglo XVI. El aire al amanecer es húmedo y terso. A lo lejos entre la bruma, se perfila el pico nevado del volcán de Orizaba.

Como una pintura de Delacroix, a medida que el barco se acerca a tierra, un paisaje oriental se va formando: a lejos se comienzan a percibir techos de casas pintadas con cal y algunos árboles tropicales y palmeras, verdadero oasis en medio de colinas arenosas llamadas médanos. Finalmente aparecen las murallas y bastiones que encierran a la ciudad en forma de estrella. Reina un aire de opulencia, la animación sucede al atardecer, el muelle es el paseo donde la gente se reúne a reír y oír música de arpas y guitarras.

Las casas son grandes, elegantes, bien alineadas; hay algunas ricamente ornamentadas. Calles anchas y bien empedradas, flanqueadas de portales. La limpieza de la ciudad, que no deja nada que desear, la realizan unos buitres llamados zopilotes. La inviolabilidad más completa y la mayor tolerancia compensan su celo.

Me hospedé en la Casa de las Diligencias. Este hotel se asemeja a un palacio morisco, es de dos pisos con columnas de mármol, los cuartos muy pulcros, de altos y amplios techos que dan a un gran corredor de piso también de mármol decorado con plantas, flores y jaulas de pájaros, hay cómodos sillones y hamacas colgadas para la siesta. En medio, un patio con una fuente. Al día siguiente a mi llegada sopló una borrasca fría y húmeda llamada «norte». Durante este tiempo la ciudad se paralizó, el mar gemía y se encrespaba. Me la pasé fumando en mi habitación, tratando de no oír al viento aullar, golpeaba puertas y ventanas.

El «norte» duró tres días. Finalmente pude obtener lugar en una diligencia que hacía el trayecto a la ciudad de México en ocho días, a razón de diez leguas por día (cada legua es de cinco kilómetros y medio). Las diligencias en nada se parecen a las nuestras. Están fabricadas en Estados Unidos, son grandes cofres redondos pintados de vivos colores, tirados por seis sólidos caballos. Los equipajes se acomodan en la parte trasera, en el sitio donde van los lacayos en otros carruajes. Tienen capacidad para nueve pasajeros en tres filas de asientos, me asignaron el único lugar disponible: en el medio. Tenía la ventaja de estar cercano a la puerta y a la ventana, pero sin más apoyo que una correa, un lugar sumamente incómodo. El cochero, un robusto yanqui de cara colorada y nariz gruesa como tomate, míster Woolbridge, fumaba sin parar puros pequeños, mis compañeros eran dos ingleses, un americano, cuatro mejicanos y un francés.

Iniciamos el viaje a las cuatro de la mañana. Antes de abordar bebimos chocolate caliente con panecillos mantecados, llamados así porque siempre llevan manteca y azúcar. Los mejicanos son muy aficionados, pude contar más de ochenta especies diferentes.

A la salida de Veracruz se encuentra un ferrocarril, bueno, esto es un decir, en realidad se trata de un vagón plataforma en el que se sube la diligencia con todo y caballos, cuatro mulas en lugar de locomotora, las máquinas de vapor todavía no se conocen. Las vías terminan pasadas cuatro leguas.

Finalizado el viaje descendimos y continuamos el camino. Entre los mejicanos venía un ingeniero, quien nos informó sobre este curioso embrión de ferrocarril. Fue construido en dos años sobre una llanura que no representa ningún obstáculo, a un costo de ochocientos mil pesos. Planeado para atravesar la hacienda Manga de Clavo y revalorizar la propiedad del hombre fuerte de Méjico, once veces presidente, don Antonio López de Santa Anna, que se ha adjudicado el título de Alteza Serenísima, más conocido por el pueblo con el mote de «Diablo cojuelo», pues perdió su pierna en una batalla. El ferrocarril nunca se concluyó, ya que algunos funcionarios desviaron el dinero a sus bolsillos.

Después de dos días de suave ascenso por la «tierra caliente» llegamos a Jalapa, última etapa antes de subir a la Sierra Madre. Dejamos la ciudad de noche, el día comenzaba a despuntar en el paraje de las Vigas, pintoresco villorrio de casas construidas de tablas sobre un basamento de piedra unidas por clavijas de madera, que me hizo sentirme transportado a Suiza, tanto más que el lugar es un bosque de encinos, pinos y abetos cortados por profundos barrancos. El viento proveniente del golfo se estrellaba contra estas montañas, produciendo niebla y frío, el pasto estaba blanco de escarcha.

En la diligencia todos íbamos medio dormidos, entumidos de frío. Nos despertamos de nuestra modorra por los gritos de Woolbridge, quien azuzaba los caballos. Corría por un tortuoso camino de montaña.

—¡Salteadores, salteadores! —gritaron los mejicanos.

Aferrándome a la puerta saqué la cabeza y los vi: tres cosacos envueltos en viejos y sucios sarapes, montados en mezquinos caballos armados con lanzas y machetes.

—¡Alto, alto! —vociferaban—. ¡Arrímense o se los lleva la chingada!

Uno de los viajeros comenzó a llorar y a gritar:

—¡Detén la carroza yanqui! ¡Nos van a matar!

El cochero no se inmutaba, con alaridos le imprimía velocidad a la diligencia. El camino era estrecho y a pesar de que teníamos a los jinetes pegados a nosotros, el conductor manejaba la diligencia con tal destreza que impedía que nos rebasaran, nuestro compañero inglés que era un hombre corpulento dijo:

—No se va a rendir el cochero.

En este sinuoso camino no había manera de detener la diligencia a menos que se adelantaran. Era lo que el cochero trataba de hacer, evitar que se pusieran a su altura para detener el vehículo. Adentro todo era caos, el mejicano que había pedido que pararan el carruaje lloraba a gritos.

—¡Nos van a matar, nos van a matar! —gemía.

Otro que era un sastre se mesaba los cabellos.

—¡Virgencita, madre de Dios, no nos abandones! No dejes que se lleven mis tules y encajes.

El inglés y yo permanecíamos aferrados a la puerta aguantando las sacudidas. Nuestro cochero no se inmutaba, los caballos continuaban corriendo azuzados por los gritos. La persecución no podía continuar mucho tiempo, en cuanto el camino se ensanchara, los jinetes nos desbordarían, seguro que matarían al conductor. Sentí pánico. Para nuestra desgracia, en una curva que corría a la derecha, el trecho se agrandó, la diligencia corría por la izquierda, por la derecha se abrió un espacio que aprovecharon los ladrones para rebasar, dos de ellos se pusieron a nuestra altura, pude ver sus facciones indígenas: cara lampiña, cabello corto, excepto por dos largos mechones que colgaban de las sienes. Tenían la mirada fija en nuestro conductor, éste manejaba las riendas y azuzaba a los caballos. Cuando tuvo a los dos bandoleros a su altura, con un brusco movimiento de las manos y gritos, giró el carruaje hacia la derecha cerrando el paso, el primero de los asaltantes con todo y caballo se estrelló provocando gran estruendo contra el contrafuerte de la montaña, el de atrás para no caer de su montura tuvo que asirse a la diligencia. El inglés lo pescó por el cuello y sin aparente esfuerzo lo introdujo por la ventana, donde lo neutralizó. El tercer bandido al verse solo, suspendió la persecución.

Poco tiempo después el bosque dio lugar a estepas áridas cubiertas de escorias volcánicas. El poblado que ahí se encuentra se llama Perote, según Humboldt está a 2,354 metros sobre nivel del mar, el aire pica. El lugar se llama así debido a que allí se halla un volcán apagado: el Cofre de Perote.

En contra de la opinión de míster Woolbridge y de los mejicanos que nos dijeron que no serviría de nada, el inglés y yo insistimos en entregar al bandolero a las autoridades, así que nos dirigimos al fuerte que sirve como cárcel. Estaba a un kilómetro y medio de la población. Era un vasto paralelogramo flanqueado por cuatro bastiones y ceñido por un foso.

Nos apeamos de la diligencia, entre los dos condujimos al bandolero. Solicitamos ver al intendente del presidio. Estuvimos esperando de pie, entre el zaguán de la entrada y una reja que da ingreso a la cárcel. Los guardias nos miraban incrédulos. Un cabo nos atendió y luego nos condujo al despacho del intendente, quien al vernos llegar, le tendió su mano al prisionero.

—Siéntese usted, mi querido compadre —le dijo el intendente al bandido en tono amable.

Así que nuestro prisionero se sentó en la única silla y nosotros nos quedamos de pie. El intendente le ofreció un cigarrillo al bandolero, él se apresuró a tomarlo, luego le preguntó:

—¿A qué se debe el gusto de su visita, mi querido compadre?

Enojado, el inglés apenas abrió la boca para contar lo que nos había sucedido, cuando el intendente lo interrumpió:

—¡Cómo, señor! ¿Osa usted calumniar a mi compadre, testigo de mi matrimonio?

Sin más preámbulo haciendo un gesto con la mano nos despidió diciendo:

—Vayan ustedes con Dios.

No nos lo hicimos repetir dos veces. Al vernos llegar apresurados, nuestros compañeros de viaje soltaron una carcajada. Cuando la diligencia continuó su camino respiré aliviado.

Llegamos a Puebla de los Ángeles, la capital estaba a tres jornadas. Esta ciudad a 2,196 metros tiene un clima sano y suelo fértil. Se llama de los Ángeles porque se dice que en la construcción de la catedral, son esas criaturas aladas quienes continúan de noche la obra de los mortales.

Un centenar de cúpulas y campanarios dominaba majestuosamente las construcciones, a mediodía los reflejos de casas y edificios públicos, adornadas de azulejos proporcionaban visos de una ciudad de cristal. Sus calles anchas, rectas, limpias, empedradas de guijarros redondos dispuestos simétricamente, flanqueadas de buenas aceras.

Nuestro compañero de viaje, el sastre que era de esta ciudad, agradecido por haber salido bien del camino, nos invitó al inglés y a mí a comer a su casa.

La hospitalidad mejicana es pobre pero franca, nos obsequiaron con el plato nacional: puchero. En la mesa había un solo vaso de dos litros. Cada quien llevaba a sus labios el recipiente y lo volvía a dejar en su sitio. Tampoco había cubiertos, el cuchillo que cada uno llevaba servía como tenedor, se ayudaba con un pedazo del pan local llamado tortilla, una delgada crepa de maíz insípida. Por la noche llegaron algunos amigos, descolgaron las guitarras, cantaron sencillos y dolientes romances.

Nuestro anfitrión nos ofreció el famoso pulque de Cholula: jugo de agave fermentado. No tardamos en ser los mejores amigos del mundo, se pasó la tarde convenciéndome de que me instalara en Puebla, su principal argumento era su cuñada, una joven de dieciséis años llamada Pepita con la que pretendía casarme. Esta señorita de fino talle y suave voz nos obsequió unas canciones, pude sentir su frágil cintura al bailar unas piezas ante la mirada complaciente de varias señoras adustas que fumaban puritos sentadas en sillas junto a la pared.

A medianoche pudimos despedirnos de mi amigo y de su tentadora cuñada. Al día siguiente continuamos nuestro camino a la ciudad de Méjico. El valle que rodea a Méjico es una tierra de volcanes. Humboldt menciona por lo menos diez volcanes extintos, los más bellos son el Popocatépetl «la montaña que humea» y el Iztaccíhuatl «la mujer blanca». Ambos rebasan los cinco mil metros de altura.

Entramos a la ciudad de Méjico al medio día, llamó mi atención lo abigarrado de la población: militares, frailes, hacendados, campesinos, aguadores, mendigos, una verdadera Corte de los Milagros.

Los presidiarios se ocupaban de barrer las calles, iban encadenados de dos en dos y escoltados por un piquete de policías, quienes me dijeron que los dejaban escapar siempre y cuando no se comprometieran. Pude presenciar una fuga, en este caso el reo fue muerto al instante con una bayoneta. Los curiosos comentaron una venganza. Esta tolerancia y rigor que muestra la policía se debe a una solidaridad que existe entre los agentes y los bandidos, una necesidad de servirse mutuamente.

La ciudad de Méjico es muy hermosa, las casas tienen dos pisos, los espacios que ocupan son un derroche. De cada piso, un propietario parisino haría dos, y de cada pieza una vivienda completa. Contrariamente a París, las viviendas están pintadas de colores vivos, el amarillo es el preferido. Las calles están trazadas en ángulos rectos, todas empedradas y con buenas aceras.

He recorrido toda la capital, he visto sus sesenta templos y sus cuarenta conventos. He visitado a San Francisco el Grande con sus cinco iglesias, la Catedral, el Sagrario, las iglesias del convento de monjas de la Encarnación y la casa jesuita de la Profesa, con esto doy por visto las demás basílicas.

Es en los mercados donde encuentro el alma de la ciudad, hay muchos, el principal, el de Santa Ana, construido en la plaza del Volador formada por Palacio Nacional, la Universidad, los conventos de Balvanera y Portales; pero el más curioso de todos es el que se pone en las mañanas en la calle de Roldán, al pie del sombrío convento de la Merced, en los malecones del canal de la Viga. Allí se descargan todo tipo de legumbres, aves, flores, también llegan los revendedores a proveerse para su comercio.

Es en este centro gastronómico donde estudio la vida popular. Indios, criollos, extranjeros, mendigos harapientos, ricos propietarios, levitas negras, chaquetas de piel bordadas y uniformes viejos, cargadores, soldados, muleteros, serenos, frailes de todas las órdenes, calzados y descalzos se rozan fraternalmente.

Bellas campesinas venden flores frescas, sirvientas de buena casa van y vienen envueltas en rebozos, con el oído atento a los piropos y la respuesta en los labios. En la palma de la mano a la altura del hombro llevan sus canastas llenas de verdura o un cántaro de barro colorado lleno de agua.

Comienzo a entender a los mejicanos, son gente amable, hospitalaria, sencilla y franca, de naturaleza ardiente, no conocen término medio entre los excesos sin reserva y la prudencia de alguien que quiere conservar el control sobre sí mismo.

Para actuar aquí hay que olvidar lo aprendido en Francia, todo es distinto. Por ejemplo, en el caso de mi cliente: recuperar unos terrenos, la solución en Francia la hubiera buscado en la ley. Aquí es diferente, no existe la confianza en las autoridades, la aplicación de la ley es variable y ambigua en función de la persona. Según me dicen, siempre ha sido así, bien conocida es la frase utilizada durante la colonia española: «Las órdenes provenientes de España se obedecen, pero no se cumplen».

¡Paradoja! Es la ciudad de los abogados, ¡hay diez mil y sólo cuatro ingenieros! Existe un orden, pero no es producto de la ley, lo aparente no es la realidad, hay que buscar siempre el verdadero sentido a las cosas que escapan a primera vista. Se pueden conseguir fortunas inmediatas, pero no se hacen con trabajo, hay que tener astucia, «colmillo» le dicen aquí, pero sobre todo saber cómo conservar lo ganado; tan pronto se obtiene algo, habrá alguien que se lo quiera a uno despojar. La violencia y la venganza están detrás de la esquina, esperando respectivamente su turno.

Querida madre, te escribiré otra carta en la que te cuente sobre la mina. En pocos días saldré hacia el puerto de la costa occidental de Méjico llamado Guaymas. Allí debo reunirme con el conde Gastón de Raousset-Boulbon, quien es el responsable de asegurar la paz para el beneficio de la mina.

Capítulo IX

—Es el mejor paño de algodón y lino, viene de Irlanda.

—¿Es caro?

—Imagina la textura suave y delicada sobre tu piel, la soltura, el frescor. ¿Cuánto vale ese placer?

—Tiene razón, Maonia. Pero¿ cómo le saco los pesos a mi marido?

—Nomás dale una buena montada y verás cómo suelta. Sí… ese tu Tomás es hombre de toda ley.

—¡Sea! Adelante, Maonia, déme dos metros y medio.

—Oiga, Emma, ¿que escuchó de la conversación que tuvo la otra noche su macho con Eustaquio Barrón?

—Mi macho está bien encabronado, dice que un tal Jecker los quiere chingar de nuevo. De seguro sabía la existencia de la mina, lo ocultó. Estuvo detrás de la decisión de la corte que les quitó la concesión de tierras en Sonora y Chihuahua. Ahora lo ve claro, desea todo para él. Pero ni crea que se la va a dejar rendida. «Ese Jecker será el dueño de la ciudad de Méjico pero en el oeste, desde Nayarit hasta California, se enterará que la casa Barrón y Forbes manda». Fuman ese tabaco turco al que tan aficionado se hizo don Eustaquio cuando vivía en Inglaterra, despotrican contra el tal Jecker. «Tienes razón, *partner* —así le llama Eustaquio a mi macho—, de nada sirve lamentarnos, hay que actuar, no hay que dejar que se salga con la suya». Don Eustaquio le dice a mi macho: «No te preocupes, *partner*, ya tomé las riendas, mandé a llamar a Adrián Daste. Él se encargará de ese payaso al que le asignaron la mina. Dicen que es un conde francés, ¿cómo ves, *partner*, lo fino de nuestro amigo? Mandó traer a un noble de Francia para explotar la mina. ¡Traerse a un gabacho aristócrata! Por una astilla del leño que pagó, hubiera podido conseguir uno de aquí. No te preocupes, *partner*, Adrián Daste pondrá en su lugar a ese espanta cueros; si fuera un verdadero noble estaría en su castillo bebiendo vino y no sudando el pellejo en Sonora. Hay que darle una lección. ¡Que la chupe en grande por meter su nariz donde nadie le llamó! Es increíble que después de más de veinte años haciendo negocios, venga este gabacho a querer ocupar nuestro lugar. Lo que es seguro, *partner*, es que si tiene éxito en la mina, contará con suficiente dinero para sacarnos del juego, importará mercancías para venderlas con pérdida, prestará plata; con dinero y barata la merca, nuestros clientes lo preferirán. Cuando los tenga en su mano subirá los precios, para entonces ya no estaremos en *business*, así que nuestros clientes le seguirán comprando. Tenemos que ganarle, *partner*. ¿Qué instrucciones darás a Daste? Ir a Hermosillo, hablar con el gobernador Aguilar, pactar con él, ya sabes. Sí, lo de siempre. Las instrucciones son que deberá impedir que lleguen a la mina. No tiene que afrentarlos. Para vencerlos sólo necesitamos agotarlos, aislarlos. En Sonora si no te apoderas rápido, las cosas se vuelven difíciles. Deberá cortarle el abastecimiento, no durarán ni tres semanas. Nuestro gobernador, con el pretexto de expedir los permisos necesarios, deberá informarse dónde está la mina, llegamos primero, pedimos la concesión, ya sabes, *partner*: más vale pedir perdón que pedir permiso. Sí, *partner*, como siempre»... Por cierto, Maonia, se me hace que el «gabacho» ya encontró su potranca.

—Va más allá, Emma, si la mina jala, las cosas serán mejor para todos. Estos «gabachos» saben otras cosas: creen en la igualdad y libertad, con ellos se abren nuevos caminos.

—¿Por qué ellos serán diferentes?

—Porque se juntaran al parejo con nosotras. Como los antiguos mejicanos, el dios de cabellos dorados que vino del otro lado del mar, plantó su semen en esta tierra; volverá a nacer la raza del sol.

—¡Vigneaux!, es inútil, no nos instalamos en ningún lugar, nos vamos a Hermosillo de inmediato.

—¿Cómo? Tenemos órdenes de las autoridades de esperar su autorización. ¿Vamos a desobedecerlos?

—Sí, Vigneaux. Nos vamos a Hermosillo a hablar con el gobernador.

—¿Por qué vamos todos?

—Necesitamos fuerza. El gobernador y los socios de la casa Barrón y Formes nos quieren chingar.

—¿Chingar?

—Sí, es un verbo, Vigneaux, Ramiro Aristoga me lo enseñó.

El tal Ramiro Aristoga tenía un rancho donde criaba caballos cerca del presidio de Tubac. La casa principal era una fortaleza. A su alrededor, los árboles habían sido arrasados, una necesidad defensiva, ya que nadie podía acercarse sin ser visto y no ofrecía resguardo a los disparos de la vivienda. Había un patio al que daban todas las habitaciones; otro patio trasero dividido por una cerca servía como corral para gallinas, pavos, cerdos y los cuartos de los sirvientes. Junto a los muros del rancho se encontraba el huerto y el corral de los caballos, protegidos por una cerca.

Un hombre de piernas grandes como troncos, plantado frente a la entrada del rancho me hizo señas.

—¡Francés, oí que vendrías! Pásale, estás en tu casa, compadre. Soy Ramiro Artisoga.

Me trató como si fuéramos un par de amigos que se volvían a reunir después de una larga ausencia. Venía desde Los Ángeles. Por primera vez en semanas me di un baño en una tina de agua fresca, con jabón, toallas blancas, agua de colonia. El lujo.

Al atardecer nos encontramos para cenar. La cocina estaba al final del patio principal. Era una habitación sin puertas donde había una gran mesa y al fondo un fogón de leña. En el centro un gran plato de barro puesto sobre un brasero en el que una india ponía las tortillas. Después supe que no cualquiera lo hacía, era un puesto importante en la cocina de cualquier casa. Con masa de trigo blanco y con las manos elaboraba un círculo, una vez que su circunferencia medía por lo menos cincuenta centímetros, la dejaba en el comal, cuando estaba cocida la servía doblada en un cesto de palma.

Frente a la cocina, en el patio, se encontraba un asador. Sobre gruesos troncos de carbón estaba una parrilla en la que crepitaba un pernil de venado. No había cubiertos, con el cuchillo propio se cortaba un pedazo de carne y se ponía encima de la tortilla, que servía como plato. También la tortilla hacía las veces de cuchara para los frijoles, la calabaza, el camote o cualquier otro vegetal. Lo importante en cualquier mesa no eran los platillos sino la salsa de chile. No existe comida sonorense sin chile. Fue un verdadero sacrificio cuando la probé, vinieron las lágrimas, no pude decir palabra, pensé que tenía fuego en la boca. Poco a poco obtuve osadas victorias y ahora la encuentro muy sabrosa.

Bebimos agua con pinole. De postre comimos empanadas llamadas coyotas, hechas de trigo con manteca, rellenas de piloncillo. Terminamos la cena con café negro y coñac. Al final prendimos un puro.

—¿Así que usted es francés, verdad? —sin esperar mi respuesta hizo otra pregunta. —¿Qué anda usted buscando?

—Caballos.

—Tengo mesteños. ¿Cuántos quiere?

Más que hablar, parecía que escupía piedras. Después de la cena me llevó al corral donde había unos cincuenta caballos. En la luz del atardecer traté de ver los animales, sólo distinguí los bultos.

—Señor Artisoga, me dijeron en el presidio de Tucson que usted vende los mejores caballos, pero éstos no son de fiar, tienen sus cuartos traseros muy pequeños. Me puedo llevar cincuenta, pero el precio tiene que ser muy bajo.

Soltó una carcajada, me dio un golpe brutal en la espalda y me tendió un jarro de barro cocido con coñac. A mi pesar, me reí con él. Me vendió los cincuenta caballos al precio que puse, juró eterna amistad y prometió que la próxima vez que viniera tendría mejores ejemplares. Le juré que regresaría en seis meses.

A los dos días de camino me percaté de que la mitad de los caballos estaban demasiado flacos... Comprendí lo que había hecho: puso sal en su avena, los animales retuvieron líquidos, por lo que en el corral parecían robustos. Me chingó. Di media vuelta. Quería darle su merecido a ese hijoputa. Después de dos horas de camino, me reí a carcajadas, volví a dar media vuelta. En mi siguiente viaje le reclamé.

—¡Ay, qué francés más atolondrado! No vas a hacer negocios si no aprendes las reglas. La primera es que no se negocia rebajando el precio. Se dice: quisiera comprar algunos de sus magníficos caballos pero no tengo el suficiente dinero para pagar lo que valen. Así es como se hace, si tú empiezas queriendo chingar, te chingamos.

Me hice amigo de Artisoga, durante dos años iba en primavera y otoño, regresaba con una recua de caballos mezteños. Me quedaba largas temporadas. Me agasajaba siempre como rey. Cazaba, me enseñaba la región y el castellano.

Mi negocio terminó con los anglos. Ellos hacen todo en grande: compran trescientos caballos, los llevan a Los Ángeles, dan mejores precios, no pude competir. La víspera del que fuera mi último viaje, estábamos tumbados después de la cena bajo las estrellas. Pregunté:

—¿Cómo es Sonora?

Artisoga me miró, después observó el cielo, me ofreció un pequeño puro, tomó una rama de la hoguera, me dio la brasa, prendí mi tabaco, él hizo lo mismo, dejó que el humo se le escapara lentamente por nariz y boca.

—Un lugar donde los límites son el arrojo y el valor del hombre. Un lugar para deseos desmedidos. No se pueden arrimar con paciencia y esfuerzo las riquezas. Hay que arrebatarlas. Un país de espacios infinitos en los que el hombre se mide con la naturaleza.

—A Sonora la parió el fuego, se formaron grandes planicies, de sus entrañas salió magma. Nacieron las montañas, lava y ceniza vueltas piedra. Tierra lavada por lluvia y mar. Sol que abraza. Ocre y verde del desierto se funden en el azul índigo del mar. Hay hombres que viven del mar, otros de la tierra y los más vivimos de los otros, imponiendo, dominando. Tierra de hombres. ¡Así es Sonora, francés!

* * *

El conde se quedó mirando las montañas, interrumpí su ensoñación.

—¿Entonces las órdenes del gobernador de esperar una autorización son una treta?

—Por supuesto. Resulta que Jecker era socio de William Forbes y Eustaquio Barrón, cónsules de Gran Bretaña y Estados Unidos, respectivamente en Tepic y Mazatlán. Tenían una concesión de más de miles de kilómetros cuadrados que otorgó el gobierno de Sonora, dentro de la cual está la mina Planchas de Plata. Jecker sabía de su existencia, pero sus socios no. El gobierno central revocó la concesión con el pretexto de que Sonora no tiene facultades para disponer de tierras vacantes. Los otros están furiosos y actúan en conveniencia con el gobernador.

—Tenemos que adelantarnos —dije.

—No, Vigneaux. Debemos ir a Hermosillo, hablar con él, enseñarle el título de concesión. Tendrá que respetar nuestro derecho.

—Difiero, Conde, no sé qué se traiga entre manos el gobernador, pero lo que sí sé es que primero debemos ir a la mina, tomar posesión y después ir a hablar con él. Cuando todo sea un *fait accompli*.[1]

—No, Vigneaux, entre caballeros se juega con las cartas sobre la mesa. Vamos a hablar con él. Si insiste en impedirnos que tomemos lo nuestro, entonces será otra historia. Además resultará imposible con doscientos cincuenta hombres mantener una línea segura de aprovisionamiento, necesitamos la cooperación de la autoridad.

Difería, pero con el conde no se discutía.

—¿Cuándo nos vamos?

—De inmediato.

—¡Pero son las diez de la mañana! Caminaremos a la hora del cenit. Es muy tarde.

—Tiene razón, Vigneaux, es muy tarde, por eso hay que empezar de inmediato. Ordene a los hombres que se preparen, haga lo necesario.

---

[1] Hecho consumado.

Una vez que reuní a todos y les expliqué a grandes rasgos los motivos de nuestra partida, nos encontramos en la plaza del muelle. El conde comenzó a hablar:

—Vivíamos en San Francisco en la desesperanza por la ambición malograda, esperando. Años atrás, en Francia, se acabó la monarquía, vino la república y con ella pudimos dejar un pasado e ingresar al presente. Pensé que era la exaltación del individuo y del pueblo, pero me equivoqué, fue la exaltación del dinero. Me decepcioné de ese valor en detrimento del deseo de vivir con lealtad al honor y grandeza en el actuar. A ustedes les desilusionó, pues Francia no les dio la oportunidad de hacer dinero. Llegamos tarde a San Francisco, las mejores vetas estaban tomadas. Unos se volvieron duros; los que arrebatan se creyeron fuertes. Pero los anglos también lo son y hay muchos. Otros, los más, volvieron a lo mismo: panaderos, cocineros, pasteleros, peluqueros. Habían escapado para llegar a la misma cárcel. La oportunidad llegó: una mina, la más rica de Méjico, con plata a flor de tierra. ¡Tenemos la mitad de esa mina!

El conde desenrolló un papel que venía con firmas y sellos, lo mostró a sus hombres.

—Aquí está mi contrato, así lo estipula. Venimos porque no queremos vagar de un sitio a otro, porque deseamos vivir como señores.

Gritos de orgullo respondieron.

—Debemos ir a Hermosillo a convencer al gobernador acerca de la justicia de nuestro título sobre la mina. He recibido noticias de que las autoridades pretenden oponerse a que tomemos justa posesión, quieren privilegiar a otras personas con lo nuestro. No lo permitiremos. Si nos lo impiden, les mostraremos la furia francesa.

Hubo sólo un grito:

—¡Hermosillo!

Capítulo x

El sol del mediodía pesaba como pared de hierro ardiente. Éramos una columna de hombres maldicientes, de manos y lengua hinchadas. La luz sobre la superficie bruñida de la tierra borraba el paisaje: un valle con montañas rugosas a los lados. La única sombra la daban los esporádicos mezquites. Dudé si podríamos llegar a Hermosillo. El desierto era una pesadilla, el sol era insoportable. El conde y algunos pocos teníamos caballos, los más iban a pie. Cada paso lastimaba.

Los hombres se agrupaban alrededor de las carretas que llevaban los odres de agua, las estaban vaciando, prohibí que la repartieran, a este ritmo no tendríamos agua por la noche. No me hacían caso, eran avispas enfurecidas, se daban golpes para tener líquido. Ignoraron mi orden.

El conde cabalgaba a la cabeza y dio instrucciones a sus oficiales para que se apostaran armados junto a las carretas y que no dudaran en disparar a quien no obedeciera. A las tres de la tarde hicimos un alto. Lo que había sido un cuerpo compacto se alargaba hasta perderse de vista en el camino a Hermosillo.

Tumbado sobre la tierra luchaba por respirar, guarnecido bajo una manta tendida encima de cuatro ramas, el conde tenía la cara roja, parecía que su piel se abriría supurando calor. Maritincourt llegó jadeando.

—¡Conde, Vigneaux, vengan de inmediato!

Ninguno de los dos tuvo energía para preguntar por qué, así

que nos arrastramos fuera de nuestro cobertizo para seguir a Martincourt, que caminaba pesadamente hacia un grupo grande. Se apartaron dejándonos pasar al centro, donde se encontraba un hombre postrado, con la cabeza gacha, la nuca expuesta al sol.

—¿Qué pasa? — preguntó el conde.

—Es Durand, un notario, dice que así la muerte llegará rápido.

El conde se acercó.

—¡Durand, deje esta tontería, se lo ordeno!

—Aléjese. No puedo más —su voz era pastosa y seca.

—¡Basta, es suficiente! —dijo el conde—, levántese Durand. ¡Compórtese como francés!

—Aléjese o lo mato —amenazó Durand al tiempo que sacaba una pistola y apuntaba al conde—. ¿A dónde nos trajo? ¡Infeliz! Nos prometió riquezas, pero esto es el averno. Mala hora cuando presté oídos a sus promesas. Nos engañó, nos habló de plata sobre la tierra, pero no dijo que estaba en tierra de Satán. No volveré a ver a mi mujer e hijos. Los abandoné, les prometí otra vida, riqueza. ¡Abra los ojos, Conde!, ¿acaso ve otra cosa que no sean piedras y alimañas? ¿Dónde están las ciudades con techos de plata? Engañó a todos. ¡Maldito sea!

—Le ordeno que se calme. No lo engañé. La mina existe, tengo el título legal. Debe aguantar, Durand, llegaremos, se lo prometí y le cumpliré. Pero compórtese como hombre, venga conmigo, necesita agua y descanso.

—¡Alto!, no dé un paso más —dijo Durand con ojos rojos—. No hay plata. Todo es una ilusión. Ya perdimos.

—¡Durand!, si realmente quiere morir, déme su pistola, abreviaré sus lamentos. Si desea un final, tenga uno de hombre.

Se hizo un silencio. Durand le dio la pistola al conde. Agachó la cabeza.

—¡De pie Durand!, demuestre que todavía es hombre.

Con dificultades se paró y agachó la cabeza. Gemía.

—Marie, Joseph, Nino. Perdónenme. Les fallé.

Durand continuaba lamentándose, cuando la detonación lo calló, se desplomó con la cabeza destrozada. Tuvimos que esperar hasta el anochecer para volver a estar completos.

Nací con una maldición Vigneaux, en algún meandro del universo alguien se ensañó conmigo. ¿Qué habría pasado si no hubiera desafiado a la vieja gitana vestida de harapos que leyó en mi mano las líneas del destino, si no me hubiera rebelado contra sus palabras? Quizá no estaría en Sonora. Quizá en mi natal Provenza, como lo hizo mi padre, deseando, siempre deseando... Derrochaba la fortuna de mi madre buscando. En vez de amor encontré a la vieja gitana. Era joven. Mi padre me había entregado la herencia materna. Me encontraba en una cueva de gitanos en Andalucía en compañía de unos amigos que me ayudaban concienzudamente a sentirme admirado. Llegó ella, la gitana cubierta de harapos. Se sentó junto a mí, bajo la luz de antorchas. Dos guitarras flamencas rasgaban la noche. Permanecíamos sentados sobre mullidos asientos colocados en el piso, hechos con mantas de seda y piel de ovejas...

—¡Ay, mi niño! —dijo la gitana—. ¿Deja que te diga tus amores?

—Vamos gitana, que de amores la vida está jodida. Larga, larga, apestas mujer.

La mujer torció la boca dejando ver las encías con algunos dientes sucios, sonrió o hizo como que sonreía. Tomó mi mano, la retiré asqueado, pero mis compañeros insistían:

—¡Vamos, Gastón!, deseamos saber dónde quedará tu corazón.

Risas.

—¡Sí! —dijo una joven gitana que se acercó zarandeando su cadera, un pecho altivo, enmarcado por una blusa lila, adornada con varios collares de hilo de plata engarzados con piedras multicolores—. ¿Seré la elegida del destino, tu gran amor?

—La tomé de la mano y la senté junto a mí.

—¡Anda, vieja, toma mi mano y léeme el futuro!

—Tiré una moneda de plata a sus pies. La recogió con avidez.

—Otra para mi dama. ¡Mi gran amor!

Me puse una moneda en la boca y la gitana con sus labios húmedos me la quitó. Sabían a leche de cabra y hierba recién cortada. Olía a hembra. La vieja tomó mi mano, más bien fueron dos pinzas que la apresaron como ganchos encajados. Temblaron.

—¡Vamos date prisa! ¡Más manzanilla fresca, José! —dijo la joven gitana—. Nuestros huéspedes están sedientos, trózate lonchas de jamón, ése de Gredos. ¡Apúrate que los huéspedes piden!

La adivina se quedó callada, soltó mi mano.

—Tu amor está aquí como lo deseas, en esta cueva y no necesitas pagar —dejó la moneda de plata a mis pies, se retiró.

La gitana joven se echó para atrás sorprendida.

—¡Qué dices, Maura!, vamos, lee —dijo.

—No quiero —volvió a decir la vieja—. No vale la pena.

—¡Vamos, gana tu pan! ¿Qué dice mi mano? Nunca he visto a una gitana rechazar el dinero. ¿Quieres más, verdad?

Le arrojé a sus pies un Luis de oro.

—¿Ahora entiende, Vigneaux?, la gitana dijo que lo que yo buscaba ya lo había encontrado; muerdo polvo y aún eso me lo quitarán. Busco, pero no hay nada qué encontrar. Sólo correr en círculos. Vigneaux, escribí lo que me dijo: un poema.

—No le haga caso, Conde. Fue sólo una gitana.

—No. Durand lo confirmó.

—¿Era necesario? No era un soldado, no estaba acostumbrado a estos esfuerzos. Con paciencia probablemente lo habríamos salvado.

—¡Quizá! Le di la oportunidad y escogió ser hombre.

A pesar de que el aire aún ardía, pasada la media noche continuamos nuestro camino. En Hermosillo nos alojamos en la casa de moneda. Durante dos días nos quedamos comiendo y dormitando en la sombra de las habitaciones de altos techos, las gruesas paredes de adobe daban frescor.

Al tercer día nos presentamos en el Palacio de Gobierno. Un oficial del ejército nos recibió en su despacho y nos informó que el gobernador había dejado la ciudad para dirigirse a Ures, la capital, asuntos urgentes lo reclamaron. Nos apremiaba dirigirnos a esa ciudad para finiquitar nuestros asuntos en Sonora.

—¡Se da cuenta de lo que dice! Nos hace alejarnos de la mina.

Se encogió de hombros.

—Es la orden que recibí.

El conde tiró un manotazo sobre la mesa.

—Lo que nos dice el señor es descabellado. Nos retrasa para

tomar posesión sobre una mina que justo título traigo. La orden del gobernador muestra el desprecio que siente hacia nosotros. Transmita este mensaje a su superior, dígale que tuve la cortesía de obedecer sus órdenes, el debió esperarnos. Sus actos son una ofensa.

—Transmitiré al gobernador la vehemencia de su lenguaje. Tengo otra consideración del gobernador a presentar a su cargo.

—¿Cuál es?

—Solicita que bajo ningún pretexto se manifiesten en formación militar, como lo hizo al desembarcar en Guaymas. Es ofensivo a la soberanía la presencia de hombres armados que no han jurado fidelidad a la bandera nacional.

—Responda a su gobernador que en virtud de su descortesía, no nos puede exigir nada. ¡Haré lo que mejor me parezca!

—Si no tiene otra encomienda le suplico me autorice a dirigirme a trasmitir su parecer.

—Hágalo de inmediato, oficial.

Capítulo XI

—Jámut wo´i, voy pa' Hermosillo.

—¡Tan lejos!

—Sí.

—¿Vas con...?

—Sí.

—¿Te vas a unir a él, Aaki Sewa?

—Lo deseo. Antes de irme vengo para escrutar los hilos de los que pende la vida. Necesito saber y fuerza.

—No me necesitas para eso, Aaki Sewa, tienes *Séa Jó ara*.

—¿Cómo lo sabes?

—Lo pedí en tu bautismo. Se me concedió la gracia. Mírate: eres el centro de la vida de las mujeres de Guaymas, en tu tienda les das un lugar donde pueden ser ellas; rompen el silencio en el que transcurre su vida. Te he observado cómo las miras: a veces son tan vulnerables y débiles, las abrazas, de tu piel sale fuerza y alegría, puedes llegar al fondo de sus rincones oscuros. Su *erim* al verte se desvanece.

—No sabía que eso era *Séa Jó ara* —dijo ella.

—Es el principio, es un don que recibiste, el poder viene cuando lo ejerces, si lo haces para el bien te diriges hacia el sol, serás fuerte. Si lo haces para ti, te diriges a la oscuridad, te debilitas. ¡Mírame!, después de darte la leche sagrada para que mataras a tu macho Ignacio, me volví río seco; únicamente quedan piedras y arena. Sólo me resta dejarte lo que te corresponde, preguntar si Yo-Jó´ara te acepta, después habré terminado.

—¡No hables así! Jámut wo´í.

—La muerte es el final del principio, ley del desierto, Maonia. Te enseñaré su lenguaje, las canciones sagradas. Pero recuerda, si te escoge, ya no te perteneces, vivirás para tu gente.

* * *

Inés tenía doce años cuando una serpiente le mordió el pie. Llamaron a su abuelo, curandero del pueblo.

—La mordida es una prueba de que viene de todos los tiempos —dijo.

Succionó el veneno, limpió la herida y se pasó la noche y el día siguiente junto a ella cantando las canciones que hablan del encuentro con Saila Maso, su persecución y su muerte. Antes de irse, le dijo a la niña y a la madre:

—Yo Jó ´ara la escogió —señaló con un gesto a la hija—, para que sea Jámut wo´i, mujer coyote. Tendrá *Séa- Jó´ara*. Si vive será prueba de que ha sido aceptada como mensajero, podrá unir lo visible e invisible.

Inés permaneció tumbada en el dolor. A los dos meses se arrastró desde su petate hasta la entrada de su choza, se sentó sobre la viga que servía como banco y se recargó contra la pared, miró al sol, sintió cómo el frío de sus huesos cedía al calor del sol. Supo que viviría. Todo el mundo comenzó a llamarla Jámut wo´i.

Pasaba mucho tiempo sola, atendiendo lo que su abuelo le había revelado. Tuvo una niñez solitaria. Sentía que la fuerza le faltaba, quería olvidar, jugar con las demás niñas. Su madre la consoló, le dijo que fuera fuerte, pues tendría el don de acceder a otros mundos, se podría transformar en coyote, era dueña del poder de hacer el viaje mágico a la morada de los dioses, seguiría el alma de los muertos al inframundo, al lugar donde hombres, animales, plantas, rocas se vuelven uno, se hablan entre sí. Se convertiría en espejo de los dioses.

Jámut wóʼi vivió en silencio, los demás niños respetaron su intimidad.

A los dieciséis años quedó huérfana, vivía del cultivo de su pobre tierra, que no dio. Se fue a Hermosillo, se empleó como sirvienta con una familia. Cada otoño volvía al pueblo para la cosecha.

Jámut wóʼi, la mujer coyote, que puede hacerse invisible, vivía con los *yoris*, los de fuera: los mestizos, los blancos. Lejos de los suyos, de sus tradiciones, se olvidó de su responsabilidad. Lejos de sí misma se convirtió en una india más, algo que los *yoris* no ven: una mujer sin sustancia.

Su soledad perdió sentido. Se refugió en los brazos de un *yori*; el amor no la protegió. Al niño que creció en su vientre, se lo llevó el *erim*. Nació muerto. Llena de coraje y dolor entró a trabajar con mi padre, fue mi nana. Me dio su leche, me dio la vida. Me pasó el don.

Con dolor aceptó que Yo Jóʼara le había mandado una hija *yori*. Fue a la iglesia, engañando a los padres *yoris*, pagó dos pesos al cura y me bautizó. Mientras el cura oficiaba el sacramento, invocaba a Yoo-Jóʼara.

—Presento a esta niña, es mi hija, se llama Aaki Sewa, flor de pitahaya. Protégela del *erim*. Que sus actos sean guiados por la pureza del amanecer. Que sus ojos reciban luz cuando la oscuridad de la noche llegue hasta ella. Que antes de que el búho llene sus oídos de arena, escuche la música de las flores, el susurro del viento sobre las piedras. Saila Maso, pequeño hermano, habla por Aaki Sewa, mi flor. Pide sabiduría y belleza para que sea digna portadora del Séa Jóʼara.

* * *

Jámut wóʼi dijo:
—Arrancaremos pronto el camino. Prepárate.

Lavé todo mi cuerpo, suavicé mi piel con aceite perfumado, sólo comí tortillas y agua. Después de dos días de purificación estaba preparada. Emprendimos el viaje cuando las estrellas comenzaron a brillar. Llegamos a la montaña *inikaa ban*

Líos mukíaamnnnasúk aa tabok tak (Dios se levantó entre los muertos).

—Éste es el lugar sagrado, despójate de todo —ordenó.

Dejamos la ropa acomodada al pie de un mezquite, nos acostamos desnudas sobre la arena y piedras del desierto. Permanecimos tres días y tres noches en silencio bebiendo agua con corteza de árbol de naranjo. Cantamos:

Metaka weiyawa metaka yeiyawa
Wana huyapo
Ne metka weiyawa...

Lo que vino primero fue el dolor constante que penetraba la piel y se instalaba en el centro, en las tripas, cabeza, piernas, en todo el cuerpo. Lucha constante. Frenar el deseo de huir. Estaba en mi poder levantarme, pero no había recibido ninguna señal. Levantarme, acabar con el dolor, sería renunciar al poder. Poder para transitar entre dos mundos, hablar con ellos, entender, volverme una. Eso era poder: conocer lo visible y lo invisible. Interpretar la vida de «allá» para cambiar la de «acá». Lucha que no terminaba, quedarme o irme. Tenía dudas, aún si me quedaba, quizá no recibiera ninguna señal.

Jámut wo´i dijo:

—Deseas huir, te rebelas, lo quieres evitar. El dolor purifica.

La lucha terminó, el sufrimiento desapareció, no es que se fuera, estaba. Me había convertido en dolor. Comencé a sentir excitación, tuve otra visión de mi cuerpo desnudo, el suplicio ahí permanecía, ahora buscaba placer, no quería moverme; sentía vergüenza de mis deseos frente a Jámut wo´i, ella, sabia, afirmó:

—Acaricia tu cuerpo, comienza con tus senos, sigue con tus piernas, siente como si tu mano fuera de macho. Después, prende tu deseo, desde el centro: tu vientre, termina con el sexo en tus dedos. ¡Vuélvete desierto!

La tercera noche dijo:

—Puedes recibir una invitación, síguela. De aquí en adelante estarás sola, no te puedo acompañar. Tu cuerpo quedará «acá». Si llegas a Yo Jó ara sigue tu voz, no tu mente. Si caminas directo a lo que quieres, desaparece. Hay peligro en este viaje, si regresas derrotada, te quedas «allá».

Cerré los ojos, oí mi corazón como si fuera un eco cada vez más lejano, latidos fuertes que se perdían en la oscuridad. De repente, todo se volvió brillante: flores de colores lilas, naranjas, doradas; saguaros, llamaradas de color verde. Estaba en el desierto, pero todo era diferente: un valle sin montañas, un espacio sin fin, los animales eran pequeños. Empecé a deambular sin saber a dónde, tenía miedo, caminar pesaba. Desee que no existiera el tiempo, quedarme aquí para siempre. Necesitaba cubrirme con una cúpula para esconderme. Todo era amenazante. El viento arrojaba arena a mis ojos, no había nada con qué protegerse. Estaba entre flores amarillas y rojas. Creí ver a Saila Maso, no estaba segura, continué mi camino hacia allá. De frente aparecieron dos figuras de animales que se interponían, tenían patas de lobo, cuerpo y garras de jaguar, cabeza de serpiente. Me alejé, los animales volvían a aparecer de frente. No me atrevía a luchar, eran demasiado fuertes, me destruirían. Si no avanzaba, ellos tampoco. Temía que me destruyeran. No podría vencerlos, podía detenerme, los animales estaban allí pero tampoco atacaban; me entró un suspiro, no había tal peligro, bastaba detenerse. Les grité que se fueran, no huían, sólo permanecían frente a mí en silencio. Si no continuaba, el miedo se instalaría en mi corazón, echaría raíces, estaría a salvo, pero renunciaría a caminar. Sentí un mareo, tendría que morir entre las garras de los animales. No importaba, no debía mancharme; aceptar vivir con miedo, ésa era mi obligación; consistía en ser pura.

Con un grito, los puños cerrados y la boca abierta dispuesta a morder y desgarrar, me lancé hacia el frente. No hubo lucha, los animales ya no estaban. Me quedé sola, con frío. Después de un rato, lo vi. Saila Maso estaba tranquilo, me miraba sin miedo. Llegó un rayo de sol, sentí que era para mí, vino la paz.

Oigo la voz de Jámut wo´i que canta:

Asesinado y tomado, asesinado y tomado
Aquí en el desierto
Me matan y toman

Estoy aquí, donde desde flores cubiertas
Sale el sol.

Le conté.

—Los animales son los guardianes, si te hubieras parado, no los hubieras enfrentado, habrías regresado, el miedo sería tu compañero para el resto de tus días. Yoo Jó ara compartió su alegría. Te eligió: *Ne ka yo toloko namutakaine/ kiane chukuli namuta hekau vetukum/ vichane wesime* —me dijo.

Después de la visita a la montaña sagrada, regresamos a Guaymas. Jámut wo'i pasó una semana durmiendo, sólo se levantaba a comer tortillas de harina con piloncillo y agua.

Al séptimo día se sentó junto a mí, bajo el viejo mezquite desde donde se divisaban las montañas. Veíamos el cielo azul y las nubes cargadas de agua que se acercaban.

Capítulo XII

Decidimos que saldríamos en tres días, tiempo suficiente para preparar el aprovisionamiento. Iríamos primero a la antigua misión de Cocóspera a recuperar los hombres que quedaban de la primera colonia de franceses en Sonora, fundada por el marqués de Pindray. El camino nos desviaba de nuestra ruta pero debíamos ir por nuestros compatriotas.

San Francisco, la ciudad que admira la locura y la determinación, respetaba a Charles de Pindray. «Marqués, así me llaman los mejicanos. Si eres rubio y hablas con seguridad creen todo lo que dices». Lo conocí en la taberna de Paul Niquet. La última vez que lo vi fue aquella tarde. El sol iluminaba la mitad de la calle que había sido cerrada. En el medio, encadenado a un poste había un oso *grizzli*, parado sobre sus cuartos traseros, medía más de dos metros. Enfrentándose al oso estaba Pindray, desnudo de la cintura para arriba empuñaba un machete mejicano. El oso se le abalanzaba rugiendo con toda su furia, él corría hacia atrás hasta que la cadena retenía a la bestia y, en ese momento, se acercaba, atacaba y con el machete cortaba. La bestia rugía de dolor y furia, trataba de atraparlo, pero el otro corría más rápido. El salvaje animal bramaba parado sobre sus cuartos traseros, aventaba su cuerpo hacia el frente tratando inútilmente de romper la cadena. El hombre se acercaba sonriente, y con su arma hacía que le brotara sangre al pobre animal. Los rugidos eran ensordecedores.

A los lados, detrás de la cerca y sobre los techos, una multitud de hombres, mujeres y niños se apretujaba, bebían whisky y comían golosinas, cada vez que el animal rugía ellos también lo hacían con fascinación.

La entrada de la taberna ofrecía como menú para la noche pernil de oso con salsa de moras salvajes y pimienta verde, costillas asadas de cordero, acompañadas de mermelada de chile chipotle, tripas cocidas con armagnac y puré de manzana.

Pasé al interior y me instalé ante la barra recubierta de zinc que ocupaba todo el frente. En la parte trasera había un cuarto con un horno y un fogón. Atrás de la barra se encontraba una estantería de piso a techo llena de latas de conservas, condimentos, licores y utensilios. El vino se guardaba en toneles sostenidos por barras de madera en forma de tijera. Paul Niquet, el dueño, estaba al fondo de la sala. Cuando me vio se acercó.

—¿Cómo le parece nuestro espectáculo, Conde?

Levanté los hombros.

—Quiero una jarra de vino. — ¿Tienes algo nuevo, Paul?

—¡Sí!, acaba de llegar Côtes du Rhône.

—Sirve.

Tomó una jarra de los estantes, se acercó al tonel, lo llenó hasta el borde, la puso enfrente de mí, sirvió un plato con rodajas de salchichón, una rebanada de pan y aceite de oliva. Escanció el vino, nos miramos a los ojos e hicimos el brindis de rigor:

—¡Por los que no están!

Los rugidos quedaron fuera. La taberna era un gran galpón, las paredes estaban adornadas con pieles y todo tipo de objetos que los parroquianos colgaban; un lugar donde se podía comer fiado, se pagaba cuando se podía, allí siempre había alguien interesado a prestar oídos a la conversación.

Paul Niquet, fornido, piel morena, era oído a todos los problemas, si podía ayudaba a solucionarlos. En el peor de los casos ponía silenciosamente una copa de vino y un pedazo de pan frente al afligido.

Afuera el griterío llegó al paroxismo y se fue apagando poco a poco. Pindray entró, iba con varias personas que le daban palmadas en el hombro, caminaba a grandes pasos. Llegó con el todo salpicado de sangre y los músculos abultados. La gente se apartaba de su camino con respeto. Me vio acodado en la barra, se acercó, nos conocimos tiempo atrás.

Charles Pindray fue uno de los primeros franceses en llegar a California, se decía en secreto que se había escapado en el último momento antes que lo apresara la policía. Se hablaba de un robo y del asesinato del esposo de su amante. Nadie se atrevía a preguntar. Era un hombre bien parecido, fuerte como Hércules y taciturno. Sus enemigos lo trataban con respeto, se referían a él como pérfido y brutal. Su fama provenía de su época como cazador. Fue minero sin suerte. Vio la necesidad de caza, se iba cada semana a las montañas, un mozo le ayudaba, al regresar a San Francisco, el mozo pedía su liquidación, nunca repetía. Decían que era un monstruo, caminaba sin descanso, poseído, cazaba noche y día. En las noches saciaba sus pasiones en los antros más abyectos. Se cuenta que una vez seis marineros irlandeses se burlaron de él. Les dio a todos ellos una feroz golpiza. Pindray era respetado por todos.

Con otros compañeros, prospectábamos una región desértica al norte de San Francisco. Nos encontrábamos en una cabaña donde el techo de lámina servía de tamiz a la lluvia convertida en bruma. Matábamos el tiempo sentados sobre troncos de árbol, bebiendo whisky, fumando y jugando a los naipes. Afuera la tempestad rugía, los pinos del bosque gemían.

Se oyó un golpe en la puerta; invitamos al extraño. Un hombre entró, quedamos mudos de estupefacción: envuelto en un sarape, un sombrero de fieltro de anchas alas dobladas, botas altas, cual mosquetero. Uno de los compañeros preguntó dudando:

—¿Pindray?

El otro asintió. Tiró en una esquina sus avíos y se desplomó sobre un lecho. Difícil decir que este hombre con los ojos hundidos bajo una esa barba mal cuidada y ese pecho del cual salía una voz cavernosa, era el mismo de antes. Agobiado por un cansancio sin fin, respondía apenas a nuestras preguntas, cayó en un sueño inconsciente que duró tres días. Cuando se despertaba para comer, me contaba su vida. De inmediato sentí admiración por él.

Había huido de su casa en Picardía a los doce años, harto de las golpizas de su padrastro. Encontró su destino al otro lado de la ley: se convirtió en correo de la mafia en Marsella. Descubrió su verdadera naturaleza: impulsiva, brutal, pero con admiración y respeto a los que no eran de su condición. Deseaba ser aprobado por gente que no estaba en el lado oscuro de la vida. Tuvo la mala suerte de enamorarse de la esposa de un gran capo. El marido se enteró. Hubo una pelea, mató al marido y se llevó a la mujer y una maleta de oro.

Fueron a París, vivieron como reyes dos semanas hasta que los encontraron.

El oro le salvó la vida. Una noche tres hombres penetraron en su habitación. Estaba alerta, supo reaccionar. Hirió al primero que entró. Buscaban su muerte, pero antes que nada deseaban el oro. Entre los dos restantes lo sometieron. Les dijo lo que querían oír: «El oro no está conmigo, se encuentra en lugar seguro, se los doy a cambio de nuestra libertad».

Aceptaron. Se fue directo al Havre, tomó el primer barco a Inglaterra. Ella no lo siguió, se marchó a Bélgica. De Inglaterra viajó al único lugar que era para él: San Francisco y la fiebre de oro.

Nos saludamos con un beso en la mejilla.

—¡Gastón!, tengo noticias importantes. ¡Me voy a Sonora a buscar oro y plata!

Olía a sudor y sangre.

—Quiero que vengas conmigo, el cónsul de Méjico, Guillermo Schleiden, me propuso unas tierras, las debemos colonizar. Sembraremos y criaremos ganado. Cuando seamos autosuficientes, buscaremos una mina de oro o plata.

—¿Las tierras son por la colonización europea, verdad?

—Sí, los sonorenses tienen tanto miedo que vuelva a suceder lo de Tejas; no hay suficientes hombres blancos, así que la inmigración europea se vuelve necesaria para detener la expansión de los anglos. ¿Contamos contigo?

—No quería ser el subordinado de este hombre, tampoco deseaba instalarme a domesticar la tierra. Buscaba ganancias rápidas.

—No, Charles. Esta vez no será.

Escrutó mi mirada con sorpresa. No preguntó nada más. Pindray no tuvo dificultad en vender su proyecto, cobró cincuenta dólares por hombre y reunió a ciento setenta y seis hombres.

En Guaymas fueron muy bien recibidos. Hubo bailes y tertulias. Contribuyó la población y recaudaron mil ochocientos pesos, además de proveerlos con alimentos, aperos y caballos. Las autoridades tuvieron buenos ojos. El comandante general de Sonora, Miguel Blanco, los recibió cordialmente en Hermosillo. Respecto a algunos anglos que vinieron en la expedición, les advirtió que saldaran sus cuentas con ellos, pues sentía gran repugnancia hacia una colonización norteamericana.

El gobierno de Sonora concedió a Charles Pindray el fértil valle de Cocóspera, situado en las faldas de la antigua misión fundada por los jesuitas hacía varios siglos. Desde el inicio todo fue difícil. Los apaches les atacaron, les robaron sus caballos, los dejaron sin transporte para las exploraciones mineras que pretendían hacer, quedaron varados. Comenzaron a explotar la tierra, pero sin suministros del exterior, dependiendo únicamente de sí mismos. Trabajo duro, con muy poca ganancia. Fue a pedir cuentas al gobierno. Lo recibió en Ures el comandante general. Escuchó en silencio las pretensiones de los franceses: un anticipo de diez mil pesos a cada hombre, pagado la mitad en efectivo, el resto en aperos y provisiones. De no acceder, ellos tomarían las medidas que estimaran procedentes.

Se supo después que había dicho a los concejales de la ciudad: «Estos gabachos se salieron del orden». No aceptaría órdenes de extranjeros. ¿Quiénes eran ellos para imponer su voluntad? Franceses jodidos. ¡Se los chingaría!

A Pindray le prometió que en los próximos días enviaría lo solicitado, dio su palabra de honor. Lo invitó a comer, lo mandó borracho de regreso a Cocóspera.

A su regreso Pindray encontró que veinte «colonos» se habían marchado llevándose consigo gran parte de las provisiones. La moral le quedó por los suelos. Durante la noche siguiente, los hombres se despertaron por una detonación en la tienda de Pindray. Lo encontraron con media cabeza volada y una pistola en la mano.

«Cuesta menos una bala que la cárcel». Así dice la ley.

* * *

—¡Vaya que sí! ¿Qué tal si disparo? Quizá se callen.

—No te pases, güero. Es un canto a la vida.

En el camino a Cocóspera habíamos acampado cerca de unas pozas con agua de lluvia. Dejamos a los gabachos, escogí una poza lejana donde nos bichamos, nos enjuagamos, nos tallamos la espalda y el cabello con Amol. Encima de una roca nos extendimos sobre sarapes, dejamos que los últimos rayos acariciaran nuestra piel, llena de gusto por el otro.

En cuanto el sol se pasó del otro lado de la tierra, una tropa de sapos asaltó la poza. Todos llamaban buscando. Una chillería. Una fiesta. Mi gabacho no entendía nada.

—Son sapos espuela, se entierran bajo la tierra durante el invierno y la primavera, cuando llegan las lluvias de verano, se forman pozas y los machos salen alocados buscando hembra. Lo que oyes es el llamado a la hembra. Están bien calientes, viven para coger. La hembra pone tres mil huevos. Lo siguiente debe ser rápido, lo que dure la poza. Los huevos se rompen en quince horas, las larvas mudan en jóvenes sapos en nueve días, debe haber agua, de lo contrario mueren. Las crías son presa fácil de serpientes, roedores, pájaros y coyotes. Los que sobreviven antes de que el agua se evapore comen en un día suficientes alimentos para todo un año. Se entierran y se quedan esperando a oír la primera gota de lluvia... si llega, la vida comienza de nuevo.

—¿Y si no?

—Todos los sapos de esta poza salen de este mundo, se convierten en arena, se van al *Séa-Jó´ara*. En otras pozas, otros sapos saldrán por su hembra. La rueda de la vida no para.

Él y yo nos machihembramos, gritando de alegría, como los sapos.

*** * ***

En diez días de camino, sin incidentes, llegamos a Cocóspera. Un valle entre montañas de roca. Al norte se encontraba la misión fundada por el jesuita Eusebio Kino. Sólo quedaban ruinas, los apaches atacaron la misión, la destruyeron. Nadie regresó a ocuparla.

Nos establecimos en la aldea donde vivían algunos de los hombres que acompañaron a Pindray. Chozas de techos de hoja de palma, cercadas por una enramada del arbusto «garra de gato». El conde y Maonia se instalaron a un costado de la Misión, que estaba a un kilómetro de la aldea.

La Misión dominaba un valle de trigo quemado por el sol y bosques de robles. Sacrificamos un becerro y lo asamos sobre las brasas; lo acompañamos con tortillas, frijoles, chile y café. Pasamos una botella de armagnac. Los franceses de la misión se reían como imbéciles, habían pasado más de tres años sin un buen licor, eso decían.

A la mañana siguiente vino un mensajero anunciando la llegada del nuevo comandante general de Sonora, el coronel general José María Yánez.

¿Qué significaba esta visita del jefe militar de Sonora? Al conde no le preocupaba demasiado, estaba perdido con la mujer. Se mostraba seguro. Ella le había dado lo que le faltaba.

*** * ***

Regresamos abrazados hasta el costado de la Misión. Junto a la columna que detiene los gruesos tabiques de adobe, instalamos nuestro campamento. Ella arrojó más leña sobre las cenizas, sopló con fuerza, un rescoldo brilló, echó rastrojo seco y una llama nos iluminó. Esperamos a que el fuego se consumiera, sobre las brasas puso dos alambres con tiras de carne. De una alforja sacó una cafetera, la llenó de agua y la colocó en el fuego, cuando hirvió retiró el recipiente, introdujo una bolsa con café, la dejó reposar en el agua hirviendo, después de unos minutos la sacó, el café estaba listo. Sobre las piedras calientes que rodeaban la hoguera dejó tortillas de harina. En el momento en que la carne estuvo bien asada la retiró, la cortó con un cuchillo en trozos delgados y los sirvió encima de dos tortillas; de un saco de yute extrajo sal mezclada con chile chiltepín, espolvoreó la carne, enrolló una tortilla, me la dio.

Sentados en cuclillas bebimos café y comimos en silencio mirando las montañas plateadas por la luna. Nuestras sombras proyectadas en la pared por el resplandor de la hoguera se escurrían sobre los muros de adobe de la misión. Nos reíamos mientras la grasa de la carne escurría por la comisura de los labios.

Ella dijo:

—Los yaquis decimos que las estrellas son el polvo que dejan los ángeles al pasar. Quizá si el polvo cae sobre nosotros, seremos ángeles.

—Quizá.

Nos besábamos mientras la ropa caía amontonada, la ceñí sobre mi pecho. La tomé de la cintura, la conduje hacia el borde de la explanada que da al valle. Encima de un sarape me senté con los pies colgando, la puse frente a mí con las piernas abiertas, la senté sobre mi pene, sus piernas quedaron dobladas a mi lado, descansando sobre sus rodillas, se arqueó hacia atrás, puso las manos sobre mis muslos.

Mis manos y sus piernas levantaban su cintura, de vez en cuando paraba para morder su cuerpo. Recomenzábamos. Su cabeza tirada atrás; gemía con voz ronca. El movimiento de su cadera era intenso, la penetraba con golpes más fuertes. Me dejé llevar por una espiral al centro de ella. Derramados, nos caímos. Me levanté, la recosté en el sarape, quedé hincado frente a ella, levanté sus piernas, las puse sobre mi hombro. Metí mi lengua en su entrepierna, el vello de su muslo acariciaba mi mejilla.

Las manos de ella no se saciaban.

El aire cálido nos envolvía, nos secaba. Recostados escuchábamos las cigarras, algún pájaro hacía una llamada sin respuesta, ruido de piedras: un animal que pasa. Después, nada, la noche se quedó muda.

—Estaba domada, güero. Nos habíamos topado. Era tu hembra.

CAPÍTULO XIII

Al atardecer del día siguiente llegó el general Yánez con un escuadrón de guardias móviles.

—General, ¿cuál es motivo de su visita?

—Graves sucesos lo ameritan.

—Estamos ansiosos por saber de usted, permítame acomodarlo, en cuanto esté listo, lo esperamos para cenar.

En el centro de la aldea prendimos fuego con ramas de mezquite. En una gran mesa, dos jarras de agua con naranja y azúcar; en medio, nuestra última botella de armagnac. Comimos calabazas con granos de maíz, cebolla y tomate, sobre rodajas de queso panela asado. Una pieza del ternero que sobró, guisada en cazuela, con cilantro y cebolla, servido en su jugo, aderezado con un poco de vinagre, perejil seco y chiltepín. Café con grandes galletas de masa seca de trigo, rellenas de piloncillo.

Después de cenar, el general puso sobre la mesa una caja con puros, una vez hecha la ronda y prendido el tabaco habló:

—Reemplazo al comandante Blanco, he sido nombrado por el gobernador a sugerencia de su Alteza Serenísima. Vine personalmente a solicitarles que mientras permanezcan armados en territorio sonorense, deben jurar fidelidad a nuestra bandera.

—¡Jamás! —dijo el conde.

—Le ruego, señor...

—Conde, por favor, es mi linaje.

—Deje de lado sus consideraciones hasta el final. Estamos en peligro de sufrir una invasión de anglos.

El conde levantó la voz.

—¿De qué habla, general?

—Le suplico me deje terminar. Sonora tiene la mala suerte de ser como una mujer bonita y pobre. La quieren de inmediato.

El general vestía como burgués: levita negra, pantalón y chaleco de dril, sombrero de paja. Cuarenta años, alto, espigado, con un poco de barriga, de maneras dignas y corteses, lejos de ser obsequioso y arrogante.

—William Walker acaba de proclamar la república de California y Sonora.

De uno de sus bolsillos sacó la página del periódico *Daily Telgraph* de San Francisco. Lo puso sobre la mesa. Se leía:

Republica de Baja California y Sonora

Abril de 1854.

Soldados de Sonora: están por empezar una gloriosa empresa [...] Por años la población de Sonora ha sido la víctima de los indios apaches. Les han arrebatado sus propiedades, han asesinado a sus esposas y niños, o los han consignado a una cautividad peor que la muerte, por el fuego de la tortura de un enemigo despiadado [...] Méjico ha permanecido inactivo y por su silencio y pasividad ha alentado al apache [...].

¡A ustedes soldados! se les pide arrancar ese país del mando del apache y hacerlo un lugar de orden y civilización. Es posible que sus esfuerzos caballerosos sean contrarrestados por el gobierno mejicano [...] Cuando luchen contra el enemigo mejicano recuerden que golpean al auxiliar del apache, al ayudante del asesino de niños inocentes y violadores de mujeres indefensas. Que estas ideas llenen sus mentes y consigan la victoria en las planicies de Sonora. En una causa como la nuestra, el fracaso es imposible y la victoria segura.

Dios está con ustedes, serán fuertes y prevalecerán en contra de sus enemigos.

William Walker

—¿Quién diantres es William Walker?

Yánez sacó una cigarrera de plata con cigarrillos envueltos en hojas de maíz dobladas en los extremos, fumaba sosteniendo el cigarro con el pulgar y el índice, para que no se desbaratara.

—William Walker cuenta con investidura para realizar el destino de la nación americana, así lo dicen los periódicos: «…Ninguna otra raza, pero sí la nuestra debe cultivar y dominar el Hemisferio Occidental». Los americanos quieren nuestra tierra, pero no a nuestra gente, y no lo ocultan. La revista *Democratic Review* lo expresa sin sentimentalismos: «Los habitantes del magnífico jardín de Méjico son como reptiles, deben arrastrase o ser aplastados». William Walker quiere realizar este designio. Cuando tenía once años, su madre quedó inválida. Él tuvo que dejar la escuela, no volvió nunca más. «Es inútil —pensaba— el saber reside en la voluntad del hombre guiada por el poder de Dios». Se educó leyendo a los clásicos: literatura griega y latina, retórica, historia, filosofía, lógica, política, economía, matemáticas, navegación, mineralogía, astronomía. Todo el saber necesario para sobresalir en la vida. Le llaman el hombre de la mirada gris porque, según dicen, sus ojos se apagaron con la muerte de su prometida, Hellen Galt, una belleza delicada, piel de alabastro y… muda. Un mes antes de su boda la fiebre amarilla se la llevó. La muerte de Hellen fue la señal, le dijo que el destino de cada uno pende de hilos que el Señor manipula. Fue doctor, pero antes de iniciar su práctica, cambió y estudió leyes. No tuvo éxito, el foro estaba dominado por abogados grandilocuentes en oratoria y él era demasiado tímido. Su coraje salía cuando escribía. Se mudó a Nueva Orleáns donde consiguió una columna editorial en el periódico *New Orleans Crescent*: «Si un hombre no cree que hay algo grandioso para hacer, no puede hacer nada grande. Por lo tanto, los líderes reformadores confían en su destino. Una gran idea nace en el alma de un hombre, agita y derrumba todo su ser, lo transporta de su ignorancia presente, hace que sienta el futuro en un momento. Es natural para un hombre así, poseído de certeza por su misión, considerarse a sí mismo como un agente para poner en práctica la verdad revelada». Su destino así revelado lo llevó a San Francisco. Dirigió el periódico que su amigo y diputado Edmund Randolph fundó para promover su futuro. Walker acusó al jefe de policía de contubernio con los criminales. El ofendido se presentó en la oficina de Walker y en términos brutales exigió una disculpa pública. Walker se negó. Llegaron al duelo. El policía, buen tirador, hirió a Walter, pero éste no se amedrentó. Saliendo del hospital le tocó el turno al juez de distrito, Levi Parsons. Con sólidos argumentos, Walker probó que la sentencia por la que había dejado libre a un violador, hijo de los hombres más ricos de San Francisco, estaba completamente equivocada. El juez lo demandó por difamación. Cuando compareció ante el tribunal, Walker manifestó que no pediría una disculpa. Esto equivalía a que si el juez exigía la disculpa, el único camino era el duelo. El juez de inmediato estableció que no quería una excusa sino la aplicación de la ley. Encarceló a Walker, quien gracias a su amigo Randolph salió libre doce horas más tarde. El litigio con el juez Parsons le demostró que el poder no estaba en el periodismo sino en la ley. Se asoció con Henry Watkins. Fue en ese momento cuando se interesó por Sonora. Frederic Emory le sugirió la posibilidad de prospectar minas en Sonora, donde abundaban oro y plata, un territorio muy grande amenazado constantemente por los apaches y muy poco poblado. El poder de Méjico era inexistente, podían conseguir inmensas extensiones de tierra. Walker y su socio Watkins llegaron a Guaymas hace un año, en junio de 1853. El comandante Blanco les negó la autorización para internarse, como sabe, los anglos son indeseables. Aunque Walker no pudo ingresar al país, se dio cuenta de que con un pequeño número de americanos podría controlar el país. Se encargó de proclamarlo a los cuatro vientos y parece que lo hará. Como ven, señores, la situación es preocupante. Walker está en Baja California y viene hacia Sonora… Comprenderán que no puede haber una banda armada que no ha jurado fidelidad a Sonora. Vengo a solicitarles que hagamos frente común, que se conviertan en soldados sonorenses. Por supuesto que usted, Conde, conservará el mando de sus hombres.

—General, su petición es imposible satisfacerla. Mi linaje me impide que sirva bajo otro pabellón que no sea el francés.

Maonia comía en silencio, dejó su plato, se paró y se perdió en la noche.

—Tenemos que resolver su situación, Conde. Si no acepta jurar fidelidad a Sonora quiere decir que la presencia de usted y sus hombres es hostil. Tendrá que licenciarlos, y quedarse con no más de veinte hombres armados.

—Lo que me solicita general es infame. Me pide que abandonemos la mina.

—Le pido que se someta a Sonora y en caso de la invasión de Walker, haga frente común con nosotros. Ante el peligro, no puedo permitir una banda armada que no haya jurado fidelidad. Será considerado enemigo.

Capítulo XIV

Después de que Yánez había partido temprano sin tomar café, los hombres esperaban una explicación. Nos reunimos en la terraza de la Misión. El conde sobre un montón de piedras se dirigió a nosotros:

—Compañeros, desde que llegamos no hemos parado de luchar. Lo que aparentaba ser fácil se ha vuelto difícil. Todo parece estar en contra nuestra. Las autoridades nos impiden que tomemos justa posesión de lo que nos pertenece por título. Alimañas, calor y traición. Eso ha sido Sonora. Pero no es así. Sonora es grande, rica, nos pertenece. Vinimos por una mina, pero nos la quieren arrebatar. Los ingleses de la casa Barrón & Forbes creen que tienen más derecho que nosotros. El gobernador los apoya. A Sonora nadie la gobierna, nadie la ocupa. Es tierra vacante. Ahora William Walker está en Baja California, la ha declarado república independiente. Los anglos pretenden relegarnos, como en San Francisco. Se trasladan hacia aquí, a quitarnos lo nuestro. Vinimos por una mina, es cierto, pero necesitamos a Sonora, sin todo el estado para nosotros, no hay mina. No nos quieren, nos repudian, como en San Francisco, pero ahora vamos por todo el estado. No confiemos en el gobernador, debemos tener línea segura de aprovisionamiento. Es imposible ir a la mina ubicada en territorio apache sin tener cubiertas las espaldas. Debemos trasladarnos por Hermosillo y Guaymas, con estas dos ciudades, Sonora será nuestra. Ante las autoridades fuimos respetuosos, hicimos lo que nos mandaban. Nuestra cortesía fue considerada debilidad. De ahora en adelante tomaremos el destino en nuestras manos.

Estábamos como locos, gritábamos, disparábamos al aire. Esperamos demasiado tiempo, habíamos luchado contra el desierto y contra quien no daba la cara. Ahora teníamos un enemigo claro: los sonorenses que nos impedían tomar lo nuestro. Tardamos tres días en preparar todo antes de estar listos para salir.

Algo había pasado entre el conde y Maonia. Apenas hablaban. Él se pasaba supervisando el suministro de comida, la preparación del armamento. En la noche dormían en tiendas separadas.

* * *

—Pero, ¿qué haces, Gastón? ¿Por qué cuando dices que debemos tomar Hermosillo para tener provisiones y aperos seguros, no has mencionado a los míos? Cuando ganes, ¿qué pasará con nosotros? Ésta es nuestra tierra, aquí la roca filosa nos cortó. Nos unimos al más fuerte, pero seguimos siendo débiles. Soy tu bienamada. Te necesito, Gastón. Estás asustado, sabes que tienes que ir, pero no a dónde. Huyes hacia delante. Torbellinos de viento te enredan en arbustos espinosos. Oyes los sonidos del desierto pero te pierdes en recovecos de tus sueños.

* * *

Cuando todo estaba listo, el conde se fue a la tienda donde el sastre Chaputier había confeccionado nuestro estandarte. Caminaba marcialmente. Con orgullo desplegó la bandera. Tenía los colores del pabellón de Francia y escrito en letras de color verde, blanco y rojo: «Liberté pour la Sonore».

De la parte de atrás se alzó un alboroto. Maonia gritaba, empujaba a todos para que la dejaran pasar. A empellones se abrió paso hasta el conde, quien tenía la bandera en sus manos. La miraba acercarse con terror.

—¡No, Gastón, esa bandera no! ¡No puedes traicionar a mi gente! ¡Esta bandera no!

—Te has vuelto loca. ¿Qué tiene la bandera?, es lo que has deseado, libertad para Sonora. Te desconozco, mujer.

—¡Esa bandera no! No significa nada para los mejicanos. Queremos libertad pero con nosotros, no sobre nosotros.

—No entiendo lo que dices, mujer. Es libertad para romper con el pasado, comenzar un presente.

—Tampoco le compongo a lo que hablas. Lo que instruyes es para cambiar una forma de opresión por otra. ¿Qué nos vas a legar? Nos quieres dejar una ilusión por algo que no somos.

—Somos el progreso, Maonia. Aléjate, no tienes nada más que decir ni que hacer. Esto es por Sonora.

—Eres un valedor gabacho.

De su faja sacó una navaja y le tiró un tajo a la yugular. El conde con la bandera desvió el golpe, pero aún así le cortó la mandíbula. La empujó. Máxime la abrazó por detrás, y ella le mordió el brazo; si no hubiera sido por la gruesa tela de su camisa, le arranca un pedazo de carne. Xabier el Alsaciano le dio un puñetazo en el estómago. Se le doblaron las piernas, soltó la navaja, cayó hincada. Mangwe llegó con un machete, todos se hacían a un lado. El conde con la cara salpicada de sangre se interpuso en su camino. Extendió su mano ensangrentada.

—¡Alto, Mangwe! No es necesario, nadie le hará daño a tu ama. Está libre.

Mangwe se paró. Nos fuimos para Hermosillo. Dejamos a Maonia hincada y con el cabello revuelto, luchando por tomar aire.

* * *

Caminamos un promedio de treinta kilómetros diarios. Después de cinco días llegamos a Hermosillo. Acampamos en un rancho a las afueras de la ciudad. A la mañana siguiente llegaron dos jinetes. El conde los recibió de pie. Conocía a uno, era un francés apellidado Camou. Al otro no lo conocía, estaba vestido de levita y pantalón negro, camisa de paño blanco. Se apearon del caballo y se quitaron los anchos sombreros.

Buenos días, Conde, dijo en francés, le presento al señor Ortiz, juez de Hermosillo. El hombrecillo tendió una mano húmeda, fina, de mujer. El conde tomó su mano, hizo una mueca de asco y la soltó.

El señor Camou fue el primero en hablar.

—Mire, compatriota…

El conde lo interrumpió.

—Soy su compatriota, pero soy el Conde Gastón de Raousset-Boulbon.

Camou vio de reojo la bandera, miró la punta de sus zapatos y respondió.

—Sí, disculpe, Conde —se encontró rodeado por los hombres del conde—. Mire, esta ciudad cuenta con doce mil almas, somos gente de bien, no nos gustan los problemas, ya tenemos suficiente con los apaches y forajidos, habemos varias familias francesas, otras descendientes de españoles. Todos somos gente que se ha forjado trabajando. Sonora ha sido en extremo generosa con nosotros, nos ha permitido encontrar una nueva patria. Tenemos una buena situación y queremos conservarla. La ciudad está dispuesta a compartir su generosidad con usted y sus hombres, hemos reunido doscientas talegas de pesos que se las podemos dar de inmediato.

Camou vio al conde para ver qué efectos surtían sus palabras, pero éste estaba absorto, hacía figuras con la punta de su sable sobre las piedras del piso. Continuó.

—Sé que no es lo que buscan, pero con esto cada quien tiene una cantidad para regresar a San Francisco y empezar de nuevo.

El conde hizo una mueca, sacó su reloj, lo abrió. Vio con detenimiento la hora.

—Son las ocho de la mañana. A las diez estaremos en Hermosillo y si nos lo impiden a las once seré su dueño.

Un rugido salió de doscientas gargantas. Volvíamos a ser hombres orgullosos y seguros de nuestro destino.

Camou y Ortiz no se despidieron. Montaron sobre sus caballos y se fueron al trote, y después galopando hacia Hermosillo.

El conde me llamó.

—¡Vigneaux, dígame qué ve!

Hermosillo no estaba a más de un kilómetro, se veía una aglomeración espaciada de casas en cuyos techos brillaban las armas de los soldados.

—Se van a defender, se fortificaron en las azoteas.

—Lo que esperaba, no se rendirán. ¡Lenoir!

—¡Comandante!

—Con diez hombres haga un reconocimiento de la ciudad.

Esperemos a Lenoir. El conde se paseaba de un lado a otro, sólo viendo el piso, daba puntapiés a las rocas. Lenoir regresó al cabo de pocos minutos.

—La ciudad está rodeada por un foso grande y profundo, si entramos por ahí nos cazarán como patos. Sólo hay una entrada por un puente, está resguardada por una casa de muros de piedra, allí tienen emplazado un cañón de 25 libras y los soldados están fortificados en el techo. La ciudad está resguardada por grandes huertos rodeados de muros o setos, lo que permite replegarse y defender.

—¿Tienen caballería?

—Sí, calculo que deben haber ciento cincuenta caballeros, están del lado oeste. Cuando avancen atacarán su flanco.

El conde miró atentamente la cara de Lenoir buscando una respuesta. Todos los oficiales lo rodeaban.

—Señores, vamos a tomar por asalto la ciudad. Entraremos en formación. Debemos llegar y hacer tiros constantes y escalonados que barran a los enemigos de los techos. Tu compañía, Henaut, y la de Martincourt, serán las responsables de hacerlo junto con la de Blachot. Los demás nos adelantamos, disparamos el cañón a bocajarro sobre la puerta de la primera casa que está a nuestra derecha, la que resguarda la entrada a la ciudad. Entramos y los desalojamos. Será una lucha cuerpo a cuerpo. Lenoir, atacas a la caballería sonorense, estás en desventaja de tres contra uno, pero ve el terreno: antes de su posición hay una loma, más allá, donde están, es terreno plano. Si sales en forma desordenada, creerán que los atacaremos de frente y en línea en la parte de abajo de la colina, cuando no los puedan ver se reagrupan en formación y atacan con lanzas; utilizas la táctica de bolsa, hay que dispersarlos, impedir su ataque. ¿Lo podrás hacer?

—Seguro, comandante. Hemos ensayado varias veces, no habrá problema.

—El éxito depende de nosotros, de la infantería. Debemos tener suficiente fuerza para desalojarlos de la primera casa, la que obstruye la entrada. No podemos intentarlo dos veces, nos acribillarán. ¿Entendido?

—Sí —respondieron.

El conde se paró sobre una roca y dijo a sus hombres:

—Frente a ustedes está el último reducto, después de eso no hay obstáculo para que nos convirtamos en los dueños y señores de Sonora. Habremos ganado. Dejaremos atrás un pasado. Por un día como hoy abandonamos nuestra patria: para ganar la plata y el oro que legítimamente nos corresponde. Está frente a ustedes la ciudad de Hermosillo que se ha querido defender. Desea perpetrar la conducta indignante que han mostrado hacia nosotros. Hay que mostrarles de lo que somos capaces. Combatan con honor y gallardía. Demuestren que son hijos de Francia.

Un rugido y tiros al aire aclamaron las palabras del conde.

—¡Adelante, mis bravos!

El conde se puso al frente. Las cuatro compañías avanzábamos pausadamente en formación. Cantábamos la canción de la compañía.

Ce n´est pas le plomb qui achève
C´est le destin qui frappe et tue.
Les illusions trahies
Et l´amour qui dort au froid.[1]

A la derecha del conde brillaban los colores azul blanco y rojo de nuestro estandarte. Se veían los soldados atrincherados a la entrada del puente y en la casa de piedra que estaba a la derecha. Avanzábamos despacio, dando tiempo a que Lenoir entrara en contacto. Vimos las puntas de sus lanzas brillar sobre la colina: cuatro columnas de frente y diez de fondo cabalgaban a trote en filas cerradas, con lanzas al ristre, en el momento de entrar en

---

[1] No es el plomo que se acaba
Es el destino que golpea y mata.
Las ilusiones traicionadas
Y el amor que duerme al frío.

contacto con el enemigo. El frente de la columna se abrió en dos, las dos últimas filas permanecieron unidas; en el espacio abierto se quedó un grupo de jinetes sonorenses, la formación se volvió a unir, aniquilándolos. Los sonorenses persiguieron la columna, ésta hizo alto abrupto, dieron media vuelta, volviéndose una pared de puntas afiladas. Las fuerzas sonorenses se estrellaron. Lenoir resistió, la retaguardia se convirtió en el frente, avanzaron, pasaron de nuevo entre las filas enemigas, abriéndose y volviendo a cerrar sobre jinetes atrapados. El polvo nos impidió ver más.

Cuando estábamos a cien metros, Fayolle se acercó corriendo.

—Mi comandante, estamos a distancia para disparar.

—Espera, Fayolle. ¡No dispararemos. Dejemos que ellos sean los primeros!

Seguimos avanzando, se oyó un enorme estruendo, los techos de las casas se llenaron de humo. La tierra se cubrió de lluvia de plomo. Cayeron algunos hombres.

El conde levantó su espada y gritó:

—*En avant! Vive l´ Empereur!*[2] No nos pudimos contener, olvidamos las instrucciones y nos lanzamos a paso veloz hacia el puente, arrollamos con facilidad a los soldados ahí atrincherados. Llegamos a la primera casa amurallada, instalamos el cañón y disparamos, la puerta voló. El conde fue el primero en entrar, al primer soldado que se le puso enfrente le partió la cara de un mandoble, después no vi más, sólo un amasijo de cuerpos gritando, chocando, sangre por todos lados, nuestro empuje fue imparable. Subimos por las escaleras hasta el techo, la lucha duró poco; los defensores saltaron a tierra y huyeron. La entrada a Hermosillo estaba libre. Afuera se combatía sin orden, casa por casa.

El conde vio a doscientos metros a Fayolle que se metía en una casa, lo siguió, había tres sonorenses muertos en la entrada, un cuarto estaba sentado con la espalda contra la pared y tenía entre sus manos un amasijo de materia gris ensangrentada.

Fayolle sangraba profusamente del brazo izquierdo, en el piso un coronel de las fuerzas regulares tenía la cabeza aplastada con la bota de Fayolle, quien en su mano derecha sostenía un revólver con el que apuntaba a la cabeza, estaba a punto de disparar.

---

[2]¡Adelante! ¡Viva el emperador!

—¡No lo hagas! —gritó el conde.

—Este cabrón me acaba de herir.

—Está actuando conforme a su deber. ¡Es un valiente, suéltalo!

—Pero, mi comandante —imploró Fayolle.

—Ambos hicieron su deber, es de cobardes acabar con la vida de un hombre cuando está vencido.

Fayolle soltó a su prisionero.

—Está usted libre si jura no tomar las armas contra nosotros.

—¡Lo juro! —respondió—. Gracias, no lo olvidaré. —Capitán Borunda, a sus órdenes, estrecharon las manos.

Afuera de la ciudad se oía el relinchar de caballos, gritos de hombres y aullidos de dolor. Lenoir, pensé. Bien hecho, detuvo el ataque, de nada servirá la caballería mejicana en estas calles estrechas.

El ruido de los disparos era disperso, se concentraba en el centro de la ciudad. Corrimos hacia la Alameda, que era donde aún se combatía. Martincourt llegó corriendo.

—Comandante, Blachot está muerto y Garnier herido. Venga por aquí.

El conde lo siguió. Corrieron aproximadamente cien metros, llegaron a una de las primeras casas de Hermosillo. En la calle el sargento Blanc tenía en sus brazos a Blachot, su redingote estaba ensangrentado.

—¿Y Garnier?

El sargento con un gesto de cabeza indicó la casa. El conde ingresó seguido de Blanc. Garnier estaba en una esquina, rodeado de muertos. El conde se hincó junto a Garnier. Con la vista interrogó a Blanc.

—Dos heridas de bayoneta y un tiro. Hay que llevarlo a otro lugar —dijo el conde.

—¿A dónde?

—A tres casas hay una grande. Llevémosle —dijo alguien.

El conde se agachó y tomó a Garnier entre sus brazos, gemía y se quejaba, llegaron a la casa que les habían indicado. Contrariamente a las otras, estaba exquisitamente amueblada. El conde puso a Garnier sobre la mesa de nogal del comedor. Garnier estaba pálido como cera, abrió los ojos, miró a su alrededor y esbozó un sonrisa.

—Blachot murió, ¿verdad? —preguntó Garnier con una voz débil.

—Sí —contestó el conde tomándole una mano, lloraba—, pero tú me quedas.

Garnier volvió a sonreír, se tocó con su mano izquierda los agujeros por donde brotaba la sangre y se quedó viendo con ojos vidriosos al conde.

—«*Ce n'est pas le plomb qui achève. C'est le destin qui frappe et tue...*»

Vomitó sangre, tuvo una sacudida y expiró. El conde lo abrazó y con voz cortada dijo.

—¡Honor a ti, Garnier! No hemos terminado. ¡Vamos!

En la calle se encontró a Henaut.

—¡Comandante!

—¿Cuál es la situación?

—La batalla en la ciudad terminó, todos los que no han huido están muertos o heridos, se concentraron en la Alameda, ahí se han hecho fuertes. Nos dirigimos a la Alameda. Varios de nosotros estaban en las azoteas hostigando al enemigo, pero no tenía ningún efecto, se encontraban bien parapetados tras una barda de piedra que rodeaba la plaza.

El conde volteó y se encontró con dos jóvenes.

—Renal y Jouvent, síganme —les ordenó.

Dieron la vuelta a las casas para desembocar en la calle más cercana a la Alameda.

—Renal, vas a rodear la Alameda por la derecha, y tú Jouvent por la izquierda. Quiero un reconocimiento de su posición. Dejen sus fusiles, lo importante es que vean sus posiciones. Deben ir corriendo, ésa es su defensa, si se mueven rápido no pasará nada. Eviten acercarse a la posición de los yaquis, son buenos tiradores.

Al cabo de un momento regresaron.

—Comandante, es un cuadrado, en cada lado hay dos cañones de 22 pulgadas, excepto en la calle que da al oeste donde sólo tienen uno, es una calle estrecha.

—Por ahí entraremos.

El conde gritó.

—Vamos, síganme.

Dimos la vuelta a varias casas hasta que quedamos en la esquina de la calle que desembocaba a la Alameda; efectivamente, era muy estrecha, no medía más de dos metros. El conde ordenó:

—Quiero a los mejores tiradores para que a mi señal hostiguen a los artilleros.

Ocho hombres avanzaron.

—Suban a esta azotea, dispararán de dos en dos a todos los que se acerquen al cañón, los primeros que empiecen tienen tiempo para recargar los fusiles, no les den respiro, impidan que accionen el cañón. Comenzarán a disparar hasta que les ordene, ¿entendido?

—Sí, comandante.

—Carguen el cañón con metralla. Cuando los de arriba comiencen a disparar llevamos el cañón hasta el centro de la calle. Apunten, háganlo rápido, pero tomen su tiempo, será el único disparo que podremos hacer. Cuando yo abra fuego, atacamos. ¿Quedó claro?

—Sí.

—Corran la voz con las instrucciones.

Gritó a los tiradores:

—¡Comiencen!

Se oyeron un par de disparos, después otros dos; al sexto tiro el conde ordenó:

—Artilleros, síganme.

Se instalaron en el centro de la calle, pusieron el cañón en posición. Me parecía que trascurría mucho tiempo. El conde, impasible, los veía trabajar, movían las ruedas, calibraban la elevación. Nuestros hombres en la azotea hacían bien su trabajo, junto al cañón de la alameda había varios muertos.

—¿Listos, señores? —les preguntó el conde.

Con un gesto, un hombre de pelo cano asintió.

—¡Disparen!

Un trueno y una nube de humo nos cimbró hasta los huesos.

—*En avant! Vive L´Empereur!*

Corrimos con la furia de los que no tienen nada que perder. Fue una victoria total, los enemigos que no perecieron, o quedaron heridos en el asalto, huyeron por el muro de atrás.

Capítulo XV

Pasos apresurados, pezuñas de animales, metales entrechocaban, ruidos lejanos. Respiraba con dificultad aire húmedo. El cielo tronaba, el aire giraba a mi alrededor, envolvía mi cuerpo postrado en una nube de polvo y arena, punzadas que venían de mi estómago estallaban en la cabeza.

Mi macho vivía inmerso en sueños ofensivos; atendió sólo lo que quiso ver. Me tocó pero no me tuvo. Buscó una hembra que fuera su princesa para que pudiera ser rey. Si me quieres pa' que te mida… No, te equivocaste de hembra.

Una voz, manos firmes me levantaron, me llevaron a un cobertizo. Un sarape me envolvió, las manos prietas y callosas de Mangwe me acercaron una taza de barro con café caliente endulzado con piloncillo y mezcal. Mi cuerpo estaba lacio, no se cerraba, mis entrañas se escurrían por la entrepierna, no pude parar nada, sólo era un jalón, no había fuerza, únicamente llanto. En unas horas saldría el sol. Tenía que afianzarme para ir al desierto a hacer la pregunta.

Tomé un puñado de arena y piedras, me lo metí en la boca, lo mastiqué. Cuando el gusto amargo de sangre y tierra llenaron mi boca, tragué lentamente, tenía ansia por llenarme, estaba vacía, debía sentir el peso de la tierra en mi garganta para volver, estaba vacía de costilla a costilla.

—¡Comida, Mangwe!

Comí tortillas de harina recién hechas y café, prendí un cigarrillo, aspiré el aroma de tabaco negro endulzado con melaza.

—Prepara, Mangwe, nos vamos.

Llegamos a Guaymas en dos días, con los caballos reventados. Descansé pocas horas, no me encontraba quieta, la rabia me roía. Fumaba sin parar, era ansia que nada llenaba, sólo deseaba volver a mi andar para hacer la pregunta.

Su amor es ciego; ve sus propios deseos, no encuentra pero busca cada vez con más desesperación. Su amor hiere, me deja como hierba cortada, trunca mi camino y el suyo. Sólo persiste la desilusión. Amor es una forma de perder. ¿O quizás perder es una forma de amar?

Estoy perdida. Para volver a encontrarme debo ir al desierto para hacer la pregunta.

Me preparé para ir a la montaña sagrada; fin y principio de todo.

Antes de que amaneciera salí de Guaymas, llegué a las faldas de la montaña al atardecer, cuando el sol aún hiere. Yací desnuda sobre tierra ardiente. Después del calor llegó el frío, temblaba al cantar el idioma universal que machihembra lo visible y lo invisible.

Las voces del conde, las mías, las de todos se mezclaban; ruido sordo. Un silencio denso como niebla me envolvió, traté de verme pero no pude, era transparente como gota de agua. Mi figura inexistente llegó junto a un río, me acosté junto a él, se desbordaba, sus aguas mansas y limpias pasaban junto a mí. El río volvió a su curso, me quedé pegada a la tierra.

Empecé a oír… el paso de hormigas sobre las piedras, el deambular de una víbora que se alejaba, el ruido de las patas de tarántula sobre mi vientre. El viento daba vueltas, del cielo colgaban tórtolas.

No podía moverme. ¿Para qué? Era parte de todo. Tenía los ojos cerrados, aún así veía. La niebla desapareció, estaba de nuevo bajo el sol. Una alegría me inundó. Recuperé mi andar.

Busqué al Ocotillo que suelta palabras. No tenía que mirarlo directamente, sólo atender las señales; si se mira directo al deseo, éste se desvanece.

Aparecieron tres hombres envueltos en capas negras con capuchas que ocultaban su cara, me apresaban, me impedían el paso, luchaba contra ellos; apartaba a uno, pero otro me volvía a rodear con sus brazos, era una lucha inútil; seguí peleando, me comenzaron a faltar las fuerzas, mi derrota era segura.

Una liebre pasó veloz a mi lado dando rápidos saltos con sus patas traseras, era un payaso, me dio risa, entendí que no había que luchar con los hombres de negro, sólo caminar, dejar que me atraparan, no me impedirían que caminara; los tres me rodearon, pero di pasos por donde se había ido la liebre. Gritaron. Hablaban un idioma extraño, no les hice caso, seguí moviendo mis pies con dificultad. Los hombres aullaron y desaparecieron furiosos. Dejé la transparencia, recuperé mi cuerpo.

Caminé sobre un tapete de flores rojas con pistilos azules. De repente lo vi, allí estaba el Ocotillo, con sus brazos amarillos extendidos, haciendo muecas al sol. Sus raíces conectaban con el *Séa-Jó´ara*, las voces llegaban de lo hondo del desierto, el árbol oye, entiende.

Abracé su dura y lisa corteza, sentí frío, quería abrazar una rama, pero no sabía cuál; era confuso, tuve miedo de equivocarme, sabía que sólo había una rama para mí. El viento llegó y me levantó. Desde lo alto vi al Ocotillo. Ya no tuve duda, regresé, agarré mi rama. Hice la pregunta:

—¿Cómo puedo ayudarle, ha perdido su camino?

No deseaba el regalo de Sonora que él me hacía, no era a mi medida. Tenía que volver a escoger. Un pez globo llegó volando, se metió entre mis cabellos.

—He perdido mi camino al mar —dijo envuelto en mi cabello.

El camino del pez globo se cruzaba con el mío, ahí estaba la respuesta. Sabía lo que significaba, era peligroso.

—Saila Maso sabía —pregunté.

—No importa lo que creas que vas a encontrar. Sólo está lo que está, no es ni bueno ni malo —me respondió.

Suspiré. El pez se fue volando de nuevo. Era tiempo de regresar a Guaymas, encontrar al pez globo.

Capítulo XVI

Las primeras estrellas se dibujaban sobre el manto claro del cielo cuando llegamos al rancho San Ramón Nonato, propiedad de don José. Los hombres del general Yánez se movían como vacas en corral, esperaban lo que no llegaba. Nadie se acomidió a tomar los caballos. Nos apeamos.

—Mangwe, quédate con los caballos, voy a pesquisar por Yánez.

En el rancho vivían unas cincuenta personas de la misma familia: hijos casados y sus familias, las hermanas que enviudaban, sobrinos, y los arrimados de siempre. Pasó atareada la abuela cruzando el primer patio.

—¡Doña Gilda!, tenga su merced buena tarde.

—¡Ay, m'ija! ¿A qué le tuerces por aquí? ¿Estás bien? ¿De bien estuvo el camino? ¿No topaste con enfados? ¿Estás bien?

—Todo ley, doña ¡Busco al general Yánez!

—¡Ah! —con la mano me indicó el camino hacia el segundo patio.

En el patio principal había enramadas bajo las que descansaban los soldados. Sobre comales de barro se calentaban grandes tortillas de harina, en varios cazos se cocían diversos cereales para el atole. En el segundo patio estaban las trojes para granos y otras habitaciones para la familia del preceptor. Los vaqueros y sirvientes vivían fuera del rancho.

En las trojes observé tambos de cal para limpiar letrinas o pintar paredes, herramientas agrícolas y pieles reposando en tinajas de agua con corteza de mezquite. Un trabajador estaba curtiendo una piel con alumbre y sal. Encontré a quien buscaba. Estaba con don José inspeccionando tambos de carne seca. No me atendieron hasta que hablé.

—¡¿Qué hay de nuevo, señores?!

Voltearon a atenderme pasmados.

—¡Vaya sorpresa, señora Maonia! No son tiempos para viajar. ¿Qué la trae por estos rumbos?

—Buen día y fortuna tenga, mi señor don José. Vengo hablar con el general Yánez.

—No es momento, mi señora. No tengo nada de qué hablar con usted, perdimos Hermosillo.

—De eso vengo a tratar.

Yánez me atendió. Volteó hacia don José buscando una respuesta. Me volvió a atender.

—¿Viene por despecho?

—No. Por amor.

—Mi señora, los asuntos de culo no me incumben.

—General, le reconvengo su desprecio. Primero porque soy hembra y segundo porque me chingo a quien me chingue. Mucha guerra este día. Quiero hablar con Su Señoría.

Guardó silencio atendiendo a mis ojos. Se quitó el sombrero, hizo una reverencia.

—Le suplico, mi señora, que se afinque con nosotros esta noche, será un honor compartir nuestra cena.

—Entiendo su pasión general, tierra árida, pero es unión. Perder un pedazo de patria es principio de un fin.

—Con placer echo tortilla con usted.

—Dejaré todo listo para cuando le plazca.

A las ocho de la noche, el sol desapareció tras las montañas, el calor no bajaba. En el corredor había una mesa de madera sin pulir. Dos mujeres corpulentas vestidas con falda y blusa larga rectangulares que dejaba ver parte de sus pesados senos, pusieron los platos sobre la mesa y se retiraron. Había calabacitas con queso, elotes asados con mantequilla, cuajada, tasajo y café con leche.

Después de cenar, don José trajo una caja de puros, me ofreció.

—Gracias, prefiero los míos —saqué de la faja una caja de cuero con mi tabaco.

Yánez se encogió de hombros mientras prendía su puro.

—¿Qué asunto quiere conmigo, señora?

—Vengo a pactar la rendición de los gabachos.

—¿Cómo? ¿Mandan a una mujer a negociar cuando acaban de ganar?

—Ellos no me mandan, vengo sola a pactar su rendición.

Yánez aspiró su puro soltando una gran nube de humo.

—Señora, disculpe mi rudeza, si no viene a hablar por ellos, usted y yo no tenemos tiempo que mascar. Acabamos de sufrir una derrota, el gobernador no mandó tropas, no oyó mis consejos. Hice lo que pude. Tomará tiempo reorganizarnos, los hombres que ve usted no son ni la mitad de los que quedamos; huyeron para sus ranchos, van a proteger lo suyo. No puedo impedirlo, ni culparlos.

—No se colme, general, usted es hombre valiente, sus hombres lo saben. Hizo lo debido, otros no. Por eso se pierde.

Yánez enrojeció.

—Le suplico hable claro, señora.

—La noticia de que el gabacho nos chingó Hermosillo correrá como pólvora hasta San Francisco. Vendrán más. El anglo Walker ya está en Baja California, no tardarán en desparramarse por Sonora, la considerarán su propiedad. No tendrán empacho en saquear todo lo que se les atraviese.

—Está claro —respondió Yánez—. Dispuse retenes en el camino a Guaymas y hacia el presidio de Tucson con instrucciones de impedir que salga cualquier jinete.

—No es suficiente.

—Lo sé —respondió Yánez—, pero es un retraso. Sigo sin entender, mi señora, ¿qué propone?

—¡Vengo a entregar al conde!

Yánez sonrió.

—¡No se burle, general!

—No lo hago señora, sólo que no veo las cartas sobre la mesa.

—Mi gabacho quiere una Sonora libre, sólo que está perdido.

—Sonora es muy orgullosa para dejarse arrebatar.

—No lo contradigo.

—Se nos van a alborotar las cosas. Ya sabe que en Sonora cualquier cambio es para mejor. Hay que parar al conde, si no, puede ser fatal, puede ser el comienzo de nuestra pérdida.

—No hay tiempo.

—Lo sé.

—Quiero su confianza, general. El conde se extravió, sólo poniéndose en otro lugar de donde está encontrará lo que busca. Se cuenta que un rey de los antiguos mejicanos cuando perdió su reino, dejó su bastón de mando de caoba y plata, se quitó su túnica de fino algodón tejido con hilos de oro, se vistió de manta blanca, se calzó unas burdas sandalias y salió del palacio cantando.

Se hizo un silencio, los ruidos de la hacienda se mezclaban con el sabor de café y tabaco en la boca.

—Ay, mi señora, lo que quise no se dio, me tocó la vida dura del soldado: lejos de los que amo, luchando, siempre sin nada. Escogí defender lo que queda de este país.

—Después de tanta guerra, la noche cura general.

El general puso su mano seca y áspera sobre la mía. Lo dejé hacerlo, era un macho de verdad.

Después de tanta arremetida, era gozoso pedir luz. Descansar. Que él se ocupara. No más decisiones, me abandoné a la noche suave. Pero sólo lo que durara un aleteo. Debía hacer lo que me correspondía: tomar el poder de la luna que apaga el sol, lograr que la oscuridad fuera la reina, ella mandaría y Sonora obedecería, volvería a pelear.

El *Séa Jó ara* desplegará como alas de águila su sombra que cubrirá lo que necesita ser cambiado. Dejará brillar la oscuridad, su resplandor apagará lo incandescente del sol. Será el fin.

—¿No me quiere decir más, verdad? —dijo el general.

—No puedo, hay cosas que no deben salir a la luz, sólo en los rincones de lo que no se ve tienen fuerza. Es mejor no ver el sol de frente, se puede quedar ciego. Quiero arrobarme de su confianza, general, quiero su juramento, que respetará la vida del conde y toda su gente.

—Sus deseos me dirigen. Aborrezco derramar sangre para nada. Desafortunadamente la guerra continúa —hizo una mueca disgustado.

Me recosté sobre el respaldo de la silla atendiendo cuando tierra y cielo se cobijaban bajo la luz de la luna.

Yánez fue el primero en hablar.

—No digamos más sobre el tema, tenemos que ir a ver a don José para que le asigne una habitación.

Capítulo XVII

Llegamos a Hermosillo sin que nos atendieran. Los gabachos seguían la fiesta. Gastón estaba afincado en una de las casas más grandes de Hermosillo. Entré, no había nadie. Registré todos los cuartos hasta que di con el de él. Quería aspirar su aroma…, el aire me faltó.

—Lleva el saco y el pez a la cocina —le ordené a Mangwe.

Eran dos fogones llenos de hollín, un montón de leña, tanques de agua, una mesa de madera con bancos. En las repisas, morteros de piedra negra, frascos con especies, riestras de chile rojo colgando.

Mangwe había acomodado los caballos en el establo y llevado los sacos a la cocina. Dispuse de todo sobre la mesa. Le corté la panza al pez globo, extraje su hígado. Tiré todo el cuerpo.

En un cazo con dos litros de agua metí un trozo de hueso de res y varios pedazos de carne. Piqué finamente repollo, zanahorias, elotes, quelites, camotes, papas, ajo y cebolla. Freí el tuétano con chile de riestra y se lo agregué al caldo. Puse el hígado del pez en la palma de mi mano, la levanté. Lo ofrecí al cielo y a la tierra. Corté el hígado en mi mano, lo mezclé con mi sangre y lo vertí en el cazo. Me senté en cuclillas a cantar:

Hakunhuine ka ama
Yoliwau vichaka sika…

Querer quitarnos lo que nos pertenece, arrancar en vez de tomar, es una enfermedad: un desorden interno, un desequilibrio en el enlace con la naturaleza, es trozar el orden natural del desierto. Sólo padeciendo vuelve el equilibrio. Aceptando la pérdida hay comienzo. La avispa vive de la tarántula, el mapache de la avispa: verdad del desierto. Me senté a esperar. Fui hacia el lugar donde no podía encontrar seguridad.

Fumaba un puro cuando llegó. Nos quedamos mirando, no había intención, sólo extrañamiento. Venía con otros gabachos. Vigneaux fue el primero que habló:

—Señora Maonia, ¿qué vientos la traen de nuevo a nuestros rumbos?

—Vientos del desierto que juntan arena y piedra.

Mi gabacho estaba pálido, su cortada en la mandíbula cicatrizaba mal. Me atendía fijamente. Nadie hablaba. Toda la atención se concentraba en él, sus hombres lo miraban expectantes, yo también. Me le acerqué. Con mis dos manos tomé las suyas. Me dio un beso.

—Toma lo que es tuyo, Gastón —le dije y hundí mi cara en su pecho. Mi cuerpo temblaba, sollozaba, me faltaba el aire.

—¿Qué tienes, Maonia?

No podía articular palabra, apenas respiraba, mis piernas eran de tortilla. Me tomó de la cintura hasta un banco, me recosté sobre los muros.

—¡Café! —pidió el conde—. Te mandé a buscar, mujer, no te encontraba. No entiendo, me dejaste con la rabia y la sinrazón. Busqué la muerte en Hermosillo, pero como ves, no la hallé.

—No intentes pizcar las cosas grandes, sólo te pido que atiendas; no escuchas a la tierra, no oyes hablar a las ramas de los árboles. Tú no ves, mi gabacho, estás ciego. Padeces.

—¡Diantre, mujer! Quiero cambiar las cosas, los sonorenses han demostrado hasta la saciedad que no se pueden gobernar.

—No le fallas, pero tampoco aceptamos que otro nos ponga el hierro.

—Están jodidos porque no se mueven. Están hundidos.

—Estoy hundida, perdida, lo sé, pero vengo a decirte que seré siempre tuya. Perdida vengo para que comprendas que tú también estás perdido, sólo así nos podemos encontrar. Olvida la mina, trocamos Hermosillo por la mejor extensión de tierra de pastizales, junto al otro lado. Los güeros necesitan carne y pieles de calidad. Ahí está el mañana, Gastón. Vendiendo al norte.

—¡Calla, mujer! —se levantó con los ojos llenos de cólera, escupía palabras—. ¿Qué tengo que hacer como hacendado? ¡Soy hijo de reyes! Nací para gobernar, no para ser ganadero. Ser rey es un deber que viene desde mi cuna, debo dar patria a mi gente. ¿Por qué voy a abandonar lo conseguido? ¿Por qué traicionar mis principios y a mi gente?

—Se muda traicionando, Gastón. En Sonora no todo lo que ves existe. Sólo lo tienes hasta que lo amarras, hasta que estás seguro de que no te lo quitarán.

—¿Es una amenaza?

—No, es para que no me pendejees. Lo que te propongo, el rancho y la fortuna, están aquí, existen.

Se sentó a mi lado. Me tomó la mano.

—¿Qué tienes, amor? ¿Por qué hablas así?

Cerré los ojos, no quería ver al sol.

—Quiero que me sigas.

—Imposible, para qué seguirte, serás mi reina. He derrotado a la maldición de la gitana. Tendré un reino. Hemos ganado, Maonia.

Me abrazó como antes. No recordaba su sabor. Me supe otra hembra, la que se moja.

—¡Sí, hemos ganado, Gastón!

—¿Por qué lloras?

—Porque el sol se ocultó.

—Vamos, Maonia, ¡el sol vuelve siempre!

—¡Hay que celebrar, Gastón! Cociné un *huacavaqui*.

—¿Qué es eso?

—El platillo de fiesta de los yaquis.

Dejé a Mangwe en la cocina y me fui a lavar. Me puse una falda ancha y una larga blusa rectangular que mostraba parte de mis senos. Me vi en el espejo, mi cabello negro caía pesado sobre mis hombros. Me senté en la mesa a pacientar. Llegó con una botella de vino.

—¡Suerte! *Chateau Neuf du Pape Calcernier 1842.*

Puso la botella en la mesa y me tomó entre sus brazos. Me deshice de su abrazo.

—Mangwe, cierra todas las puertas del comedor. ¡Que nadie nos moleste!

—Obedezco, ama.

Se sentó en la cabecera, abrió la botella de vino, lo vertió en las copas, brillaba como sangre a la luz tambaleante de las velas.

—Lo puse a enfriar en agua —dijo y dio un sorbo a su copa, alzó los ojos al cielo—. ¡Ah, soberbio!

Nos sentamos, serví el *huacavaqui* en su plato.

—¿Tú no comes?

—Después, ahora quiero estar junto a ti. Soy tu hembra.

—Serás mi reina.

—Olvídate de reinos.

Atendí mis manos, temblaban. Levantó su copa. Miró mis ojos.

—Un brindis…

Bebí mi copa de un sorbo. El vino suavizó el temblor. Abracé a Gastón, estrujé su cabeza contra mi pecho, lo acaricié, le besé, deseé no estar allí, ser otra hembra como cualquiera que depende de su macho. Nada más que eso, me senté en su regazo.

—Toma, come, mi amor —le di yo mismo de comer en su boca; comía con la confianza del triunfador.

—¿Por qué vuelves a llorar, Maonia? —me empujó suavemente—. Algo está mal, Maonia, me estoy mareando, no siento los labios ni la lengua.

Me levanté. Él se paró, buscó la puerta para salir, pero cayó en medio de la habitación, vomitó.

—¡Maonia!, ¡Maonia!

—No hay nada que puedas hacer, Gastón. Déjate llevar por la oscura noche. Buscaste la luz, pero encontraste la noche.

—No entiendo —dijo.

Daba bocanadas, como pez fuera del agua.

—Concéntrate en respirar, sólo eso. Soy yo quien te quita lo que tienes. Te he dado el veneno del pez globo. Te quedarás paralizado, aunque no puedas hablar, no perderás la conciencia, recordarás todo. Puedes morir, pero si sobrevives quiero que recuerdes que fui yo quien te hizo esto, que fui yo quien te quitó la Sonora que soñabas, para darte mi Sonora, la que está aquí, conmigo. Debes sobrevivir veinticuatro horas, amor mío. Tienes que luchar; si lo logras, ¡vivirás! Pide vivir. Pide desde el piso, desde donde estás, Gastón. ¡Pide! En la noche oscura en la que te adentras podrás brillar. Brilla para mí, Gastón. Sé mi sol, yo seré tu luna. Lucha por mí, acaba lo inacabado. Deja tu pasado y emprende un nuevo camino en el que serás hombre. No el mundo de tus deseos, sino el que te ofrece Sonora. Vive, Gastón, vive.

Lo jalé del charco de su vómito y excrementos, me senté junto a él, puse su cabeza entre mis piernas, lo cubrí con un sarape. Sus manos estaban heladas, eché hacia atrás su melena castaña, su pulso era rápido e irregular. Con la nariz y los labios luchaba por aire. Me aparté de él para abrir una puerta que daba al patio. La noche era oscura, llena de ruidos de borrachera, la luna se ocultaba tras las nubes. Aspiré con deleite el aire cálido. Regresé con él, me senté y volví a tomarlo entre mis brazos. Temblaba de pies a cabeza.

—Espero el fin de tu invierno, Gastón.

La oscuridad en el comedor era completa, creo que me quedé dormida por un momento, me despabilé, salí y miré el cuarto de luna que arañaba el cielo oscuro. En el corral un gallo cantó. En la cocina me lavé y me vestí. Abrí la otra puerta, la que daba al zaguán, ahí estaba Mangwe recostado sobre el piso, daba la impresión de estar dormido, pero velaba, tenía la mano sobre su puñal. No había nadie. La casa estaba en completo silencio.

—¡Llévate la cazuela, tírala por la parte de atrás. Trae bastante agua del pozo!

Regresé a la cocina y en un recipiente puse agua, zacate y amol. Me incliné sobre Gastón, estaba tensado como arco. Presa de sacudidas, de su boca salía espuma amarilla. Le tomé la cabeza, me acerqué a su oído.

—Sé que me oyes. Te voy a lavar y a vestir. Cuando tus hombres lleguen, te verán limpio.

Mangwe llegó.

—Trae baldes de agua, ayúdame, lo vamos a lavar y vestir —le dije.

Canté:

—*Ka ne huni, into ne inia aniat.* Nunca jamás estaré en otro lugar del que estoy. Nunca jamás estaré en el lugar en el que quiero estar, sólo donde estoy.

—¡Listo, ama!

—Llevémoslo a su cuarto.

El patio estaba desierto y oscuro, sin dificultad atravesamos hasta su habitación. Mangwe lo recostó sobre la cama. Cubrí su cuerpo con un sarape. Prendimos el candil. Pude ver su cara, me tapé la boca. La mitad la tenía deformada por el dolor, su piel era de color morado, las venas de su cuello parecían estallar, los músculos de la cara lucían hinchados. Era una máscara del terror.

—¡Busca, Gastón, busca!¡No te des por vencido!... Mangwe, ve al comedor y limpia todo. Abre las ventanas y puertas.

—Obedezco, ama.

Un momento después llegó Mangwe.

—Obedecido ama.

—¡Ya sabes lo que tienes que hacer!

—Obedezco ama.

Mangwe salió de la habitación. Él y yo nos quedamos. Le sostenía su mano. Cuando comenzó a clarear, salí de la habitación. Comencé a gritar.

—¡Michel, Michel Lefranc!

Fui a la primera habitación, había varios hombres dormidos, Michel no estaba. Lo encontré en otra.

—¡Michel, jala conmigo!

—¿Qué pasa?

—El conde muere.

—¡¿De qué habla?!

—Sólo sígame.

Lo llevé a la habitación donde estaba el conde; se quedó con un grito que no llegó a dar. Procuré a los demás. Llegaron a medio vestir Henaut, Lenoir, Taillandier.

—¿Qué pasa? —preguntó Martincourt, quien entró corriendo.

—Está enfermo.

Vio al conde.

—Sí, ya me di cuenta. ¿Qué pasó? —dijo brusco.

—Se quejó durante la cena de dolencias y dificultad para respirar.

—En la tarde estuve con él y no se quejó de nada, estaba eufórico.

—No sé cómo estaba en la tarde, pero ahora está así —contesté señalando con la cabeza el cuerpo.

—¡Necesitamos un doctor!

Martincourt se acercó al conde, le tomó el pulso.

—Está muy irregular. ¡Conde, Conde!, ¿me oye? Soy Martincourt. ¿Me puede oír? Aunque no pueda hablar, si me oye, cierre la mano.

El conde continuaba aferrado a la cama, era un cuerpo en agonía. No hizo ninguna señal.

—¿Qué comió?

—Puchero.

Martincourt salió y regresó al instante.

—No hay nada, la cocina está limpia. Alguien limpió todo —se quedó mirándome fijamente.

—Debió ser Mangwe.

—¿Dónde está?

Levanté los hombros.

—Lenoir, organiza patrullas de tres hombres. Busquen por todo Hermosillo al apache Mangwe. Aunque revisen casa por casa, pero quiero a ese apache inmediatamente.

Volteó a mirarme, sus ojos estaban llenos de ira.

—¿Qué le hiciste, perra?

—¡Respeto, macho! No soy su hembra para que me hable así. ¡Detenga sus palabras!

Llegó el doctor Almeida. Me dirigió una mirada interrogadora. Puso su maletín sobre el piso.

—Necesito revisarlo, hagan el favor de salir.

—Me quedo, doctor —dijo Martincourt.

—Muy bien, pero los demás salgan.

Esperé fuera. Antes de cerrar la puerta, Martincourt ladró:

—Usted, señora, no puede irse a ningún lado.

—¿Y a dónde voy a ir?

Cerraron la puerta. Me fui a una esquina donde había una silla y me senté a fumar. Cuando salió el doctor, acompañado de Martincourt, el sol quemaba. Nos acercamos todos. El médico dijo:

—No sé la causa, es grave, se está muriendo. Tiene el cuerpo paralizado. Su diafragma no funciona, por eso no puede respirar, su garganta está cerrada. La fiebre es alta. Me temo lo peor, señores. Lo único que sugiero es lavarle el intestino y darle agua con una cuchara, hay que tener cuidado, en el estado que se encuentra puede ahogarse.

—¿No sabe qué tiene, doctor? —pregunté.

—No.

—¿Pudiera ser una epidemia?

El doctor se quedó pensativo un rato.

—Sí, es posible, aunque es muy pronto para afirmarlo.

Se oyó un murmullo cuando la palabra epidemia corrió. Se escucharon relinchos de caballos, llegaron corriendo dos hombres.

—Viene del este una banda de apaches —gritaron.

Marincourt se adelantó, los hombres comenzaron a vociferar:

—¡Vienen apaches! ¡A las armas! —todos corrieron en diferentes direcciones.

—¡Alto todo mundo! —gritó Martincourt—, quien da las órdenes soy yo. ¡Cálmate y explícate, Hervé!

—Llegó un comerciante lleno de pánico, venía con su familia procedente de Arizpe. Vio de lejos a un grupo de guerreros apaches que se dirigían hacia Hermosillo. Lo persiguieron, dejó la carreta con todas sus mercancías, huyeron a caballo él, su esposa y dos hijos.

—¿Estás seguro?

—Sí, señor, él los vio con sus propios ojos, dice que es un grupo grande, probablemente más de doscientos. Vienen al pillaje, saben que Hermosillo cayó.

Los rumores de que el conde se estaba muriendo y que los apaches atacarían, corrían veloces entre los franceses. En la noche llegaron gritando media docena de hombres.

—¡El gobernador viene con una fuerza de quinientos hombres!

Hablaban de huir.

—No podemos enfrentarnos contra dos enemigos.

—¡Qué dicen! Cálmense. Nadie va a escapar. ¿Cómo lo sabes? —pregunté.

—Encontramos a un hombre joven borracho que estaba hablando muy fuerte, traía bastante plata, compraba provisiones y reunía voluntarios para juntarse con las fuerzas del gobernador. Según él, están a un día de camino de Hermosillo. ¡Debemos huir!

—Nadie huye. Necesito un jinete que vaya a inspeccionar las fuerzas del enemigo.

—¿Quién?

—Quien sea, ¡que vaya inmediatamente!

Nadie sabía mandar. Busqué a Lefranc, estaba en el cuarto sentado en la cabecera dando agua al conde. Me senté junto a él, ya no tenía el cuerpo arqueado, sus nervios ya no estaban congelados. Lefranc, pálido como una vela, fumaba un cigarrillo tras otro. Prendí un purito, le di dos caladas. Miré sus ojos, los tenía fijos en el piso.

—Difícil situación, Lefranc. Sin el conde no hay quien los instruya. Parecen un enjambre de avispas.

Trató de escupir pero no salió saliva de su boca.

—¿Cree usted, señora, que una rendición con honor sea posible?

—¡Por supuesto! —respondí.

Lefranc se quedó pensativo.

—Además, hay que cuidar al conde. Necesita atención, quizá se puede salvar, no está muerto. No se le puede mover. Si llegan los apaches o los hombres de Aguilar, a quien primero mataran será a él.

Se quedó en silencio un rato. Sin previo aviso, se levantó y salió corriendo. Me acerqué al conde. Le daba pequeños sorbos de agua que mojaran su garganta seca. Afuera el sol brillaba, todo estaba seco.

—¡Gastón, resiste, tienes que vivir!

En el pasillo resguardado del sol estaban todos los oficiales del conde: Lenoir, Martincourt, Henaut, Barchet, Blanc y Taillandier. Discutían corajudos. Lefranc y Taillandier llegaron, tenían su camisa empapada en sudor. Taillandier habló rudo.

—¿Sabe usted dónde están las fuerzas del general Yánez?

—Sí, al norte, en el rancho de San Ramón Nonato. Como a diez leguas de aquí, rumbo a Arizpe, junto al río Sonora.

Dieron media vuelta y se fueron. La noche se llenó de ruidos. Había prisa. Al amanecer el cuerpo de mi gabacho se aflojó, la fuerza que lo atravesaba se agotó. La respiración era menos difícil. Abrió los ojos; se le llenaron de espanto cuando me atendió.

—Todo acabó, mi amor.

—No —contestó con un susurro.

—Aún vencido perseveras, inicias todo de nuevo, una y otra vez, sin jamás saciarte, continúas corriendo, empuñando una espada, arrancando lo que puedes a la vida.

—No puede ser diferente, tengo que vivir.

—Buscas en la tela de los sueños vanos. Por eso te amo, Gastón, arrebatas a la vida tu destino. ¿Acaso no somos la sombra de lo que queremos ser?

—Tu amor es duro, Maonia, tu amor lastima, es hierro que atraviesa... no pudo decir más —cayó de nuevo en la inconsciencia.

A medio día llegó Yánez. Entró al cuarto acompañado de Martincourt y Lefranc. Cuando me vio sentada junto a la cama, se sorprendió.

—Mis respetos, señora, no esperaba encontrarla.

—Pues aquí estoy.

—Todo ha terminado. En ausencia del conde, Martincourt ha asumido el mando que le confió su gente. Hemos pactado el fin de la agresión. Les otorgué un salvoconducto para ir a Guaymas y embarcarse al extranjero. Les he permitido conservar sus armas personales. En contrapartida, han jurado y escrito por su honor no volver a tomar las armas en contra de Sonora ni participar en ninguna expedición o proyecto que atente contra nuestra soberanía. Dejaré un destacamento de hombres al mando del capitán Borunda, a quien el conde le salvó la vida. Él se encargará de asegurar que si vive suscriba la obligación de no atentar contra la patria, y conducirlo a Guaymas. Usted, señora, me imagino que regresará a Guaymas, si me permite la acompañaré personalmente.

—No será necesario, general, le agradezco, regresaré sola con Mangwe.

Yánez titubeó un momento.

—Muy bien, como usted desee. Le dejaré dos buenos caballos y provisiones.

—¡Gracias, general!, no esperaba menos de un caballero.

Me levanté para salir. Martincourt se interpuso en la puerta. Habló brutal:

—No me engaña. Me encargaré personalmente de buscar la revancha.

Yánez lo tomó por el brazo y lo jaló, dejándome el paso libre.

—La revancha con una mujer termina mal Martincourt, un francés debería saberlo —cerré la puerta tras de mí.

* * *

Pasados dos días el conde volvió de quién sabe dónde. Quizá ni él lo sabía. Cuando nos vio, le tomó algún tiempo registrar dónde estaba. Trató de hablar, pero no pudo, se hundió en un inquieto sueño. Al despertar, habló muy quedo, haciendo esfuerzos. Preguntó por Maonia. Le dije que estuvo a su lado todo el tiempo. Le daba de comer, lo lavaba, le hablaba en castellano y yaqui. Se había marchado. No, no sabía a dónde.

—¿Hemos perdido todo, no es así Vigneaux?

—Hemos ganado la vida y perdido Sonora. El general Yánez ofreció una salida honorable. Nos derrotaron los rumores, se habló de su envenenamiento. Todo sucedió muy rápido… No ocurrió ningún ataque de apaches, las fuerzas del gobernador nunca llegaron. No hubo más que miedo. Con la promesa de no atentar contra Méjico, conservamos la libertad. Después cambiaron las cosas, nos ofrecieron que fuéramos soldados del ejército. Walker viene a Sonora y nos necesitan, ellos también tienen miedo. Con la frontera tan cerca… Aceptamos, ahora los franceses somos soldados bajo las órdenes de la bandera mejicana.

—¿Cayeron tan bajo que aceptaron servir a otra nación?

—Perdimos lo último que nos quedaba: el honor. ¿Qué será de nuestros hijos, padres y esposas? Nos olvidarán. Habremos sido un momento en sus vidas, unos traidores que los abandonaron con falsas promesas de riquezas. No mandaremos plata, sino cartas explicando nuestro fracaso. Justificándonos. ¿Pero acaso el fracaso se justifica? Fracasamos como hombres, Conde. Merecemos el desprecio.

—¡Vigneaux!, vaya a Guaymas, infórmese de cuál es la situación en la que están los compañeros. Quiero saber su estado de ánimo, cuántas fuerzas tiene el general Yánez, dónde están alojados.

Capítulo XVIII

—El capitán Borunda insiste en verlo.

—Dígale que estaré a su disposición en la tarde.

—Muy bien, señor.

—Por favor, ten listo café, consigue una botella de armagnac y buenos puros.

—Sí, Conde, pero, ¿cómo pago?

—¡Ah, como puedas! ¡Firma un pagaré, lo rembolsaré con creces!

—Así lo haré.

El capitán Francisco Borunda llegó a las seis de la tarde. Venía acompañado de un pelotón de soldados. Lo llevé al comedor. Abrí las ventanas que daban al patio. El sol se ocultaba tras las montañas.

—Sea usted el bienvenido, capitán, avisaré al conde de su presencia.

—Gracias, Vigneaux.

—No pensé que viniera con soldados. ¡Nos recuerda que estamos presos! Se lo aseguro, no era necesario.

—No se ofenda, Vigneaux, son sólo ordenanzas militares.

El conde llegó con su levita negra, un pantalón de sarga azul, camisa blanca abierta al pecho, pañuelo rojo anudado al cuello. El capitán Borunda se levantó, con una sonrisa le dio la bienvenida al conde.

—¡Gusto en encontrarlo repuesto!

Lefranc, pendiente, estaba en la puerta. Trajo una bandeja con café, una botella de mezcal, una caja de madera de encino con puros y galletas de maíz.

—¡Veo que ha aprendido sobre la generosidad de Sonora!

—He aprendido muchas cosas, pero esto es hospitalidad francesa.

Cada quien se sirvió. Prendimos un puro. El conde le dio dos fumadas y lo dejó sobre el cenicero.

—Excelente tabaco —dijo el capitán—. Mi presencia aquí obedece a dos propósitos: el primero es informarle que sus hombres han hecho formal juramento a la bandera y ahora son soldados al servicio de Sonora. Tenemos informes de que Walker viene hacia acá.

—Sí, eso me comunicaron. ¿Cuántos hombres vienen?

—No son muchos, pero la frontera está muy cerca. Su Alteza Serenísima, el presidente Santa Anna, teme que logre reunir una gran cantidad de hombres provenientes de San Francisco.

—Es una bajeza lo que hicieron mis hombres. ¡Son ciudadanos del Imperio Francés!

—Ahora son soldados mejicanos. ¿De qué se sorprende? ¿Cree que estarían mejor muertos o prisioneros?

—Seguro.

—Bueno, Conde, dejemos de lado estas discusiones que no conducen a nada. Vengo para que suscriba como todos sus hombres la promesa de no atentar contra Sonora.

El conde dio un trago a su café.

—Haga el favor de leer mi obligación —dijo.

El capitán abrió una cartera de cuero, sacó un tintero, una pluma de ganso y un secante; puso todo sobre la mesa, sustrajo un papel que venía doblado en cuatro partes, lo desdobló y leyó: «El que suscribe, Gustavo Luis Carlos René Gastón Raouls de Raousset, Conde de Boulbon, ciudadano del Imperio Francés, responsable del batallón francés que asedió y tomó Hermosillo, me obligo a no atentar directa o indirectamente, en forma violenta o mediante actos que afecten el honor y la integridad de Sonora».

Hizo a un lado las copas y las tasas de café, puso el papel sobre la mesa. Le acercó al conde el tintero y la pluma. El conde no se movió. Borunda se le quedó mirando fijamente. Yo agaché la cabeza. El conde permanecía completamente inmóvil. El capitán me miraba buscando una respuesta, después observó al conde. Se puso pálido.

—Conde, si no firma este documento me veré obligado a detenerle, será mi prisionero. El general Yánez ha sido generoso con todos ustedes, pudo convocar a una Corte Marcial y condenarlos. En lugar de eso los invita a que se unan a Sonora en su defensa contra el invasor yanqui.

—Es una obligación bajo un pabellón extranjero.

—Así es, Conde, está en Sonora, esto es Méjico. Les permitimos que conservaran sus armas personales, les dejamos el honor. No se puede pedir más.

—Tiene usted razón, Yánez es un caballero. No puedo pedir más, pero tampoco soy capaz de firmar una promesa que no he de cumplir.

—¡Conde!, no es posible, lo tendré que arrestar. Deberá comparecer a juicio.

—Un hombre no se debe a ningún otro, sólo a sí mismo. Actúo conforme a mi deber. No estoy para obedecer la voluntad de mis hombres sino para llevarlos por el camino que escogieron.

—Se rindieron.

—El honor no se rinde, no se entrega. Ningún ciudadano francés puede servir bajo las órdenes de una bandera extranjera. Ese juramento no vale.

—En este caso considérese enemigo de la patria y bajo arresto.

—No, capitán, no me va arrestar, le exijo el pago de la deuda que tiene. Le salvé la vida durante la batalla de Hermosillo.

—No lo he olvidado.

—Me debe usted su vida, pague su deuda conmigo. Déme veinticuatro horas antes de que avise al comandante Yánez.

—No me puede pedir eso, pongo en peligro no sólo a mi persona sino a mi comandante y a mis hombres. Sería un acto de traición, lo pagaría con mi vida.

—Me debe su vida. Si es un caballero, pague.

Borunda se levantó, miró al conde; éste prendió el puro. Me observó buscando respuesta; bajé la mirada.

—Acepto. Pero sólo tiene doce horas.

—Su deuda está pagada. Después del plazo, cumpla con su deber.

Junto con el conde y Michel Lefranc, emprendimos esa misma noche el camino a Guaymas. Contábamos hasta el amanecer.

—¿Qué vio en Guaymas, Vigneaux?

—Nuestros compañeros tienen libertad de movimiento. Yánez viene dos veces al día. Se preocupa por su salud, la comida, escucha a todo el mundo, da consejos. Hace todo lo que está a su alcance para nuestro bienestar. Algunos ya tienen novia. Todo mundo respeta a Yánez. No estarán muy dispuestos con usted.

—Está por verse.

Cabalgamos en la planicie enmarcada por montañas de piedra, bañadas de la luz de la luna que une Hermosillo con Guaymas. Llegamos cuando era oscuro y los gallos comenzaban a cantar. Nos dirigimos al cuartel. Dos centinelas nos dieron el alto.

—¡¿Quién va?!

—Compañeros franceses.

Dejamos los caballos en el patio. El movimiento de hombres comenzaba.

—Vigneaux, convoque a los oficiales. Lefranc, encuentra la cocina, diles que preparen café.

El conde se quedó en el comedor. Marcel Lenoir fue el primero en llegar. Abrazó al conde.

—Señor, pensé que no lo volvería a ver.

El conde lo saludó con un beso en las dos mejillas.

—Yo tampoco, Marcel, qué gusto volver a verle. Está usted espléndido.

—La comida es buena, nuestro compatriota Panetrat surte pan diariamente. Camou, Iberri y otros comerciantes nos proporcionan carne seca, tortillas, maíz y frijoles. ¡Nos quejamos de que no siempre hay mezcal! ¡La vida es dura! —dijo Lenoir riendo.

Martincourt, Henaut, Blanc y Taillandier no tardaron en llegar. Todos se quedaron callados. Blanc fue el primero en romper el silencio.

—¿Cómo fue, Conde?

El conde arrugó la cara, tomó un sorbo a su café caliente que alguien le había puesto, prendió un cigarrillo.

—Estaba ciego: un vacío, oscuridad total, oía voces, no entendía lo que me decían, pero cada palabra era una aguja que se clavaba. Cuando hablaban quería correr, sólo respiraba. Cada bocanada era un triunfo que cortaba mi garganta. Distinguía las palabras de Maonia, eran golpes de marro que me deshacían. Escuchaba sus palabras, eran breves. Estaba en la penumbra. Todo me había abandonado. Me quedaba el dolor. Un día abrí los ojos y regresé.

—Martincourt aseguró que fue envenenado por esa arpía —dijo Lenoir.

Martincourt se mantenía alejado del grupo con la mirada seria.

—Es falso —dijo el conde—. Fue una enfermedad. El infortunio que se puso una vez más contra mí. Ella estuvo a mi lado todo el tiempo. Si su intención era matarme, lo habría hecho.

—Pero no impidió que nos quitaran lo nuestro —dijo fríamente Martincourt.

—No fue ella, fue el destino.

—Mi comandante —dijo Maritncourt—, a usted esa mujer lo envenenó, no para matarlo, pero sí para sacarlo de en medio. Tuvo éxito —escupió al piso.

El conde estaba pálido.

—Martincourt, está equivocado debido a sus impresiones recibidas en un momento de confusión. Tenía que perder para encontrar.

—Para usted puede ser, pero nosotros dejamos todo para seguirlo y no podemos aceptar que su caída nos haya arrastrado al precipicio.

—No, cumpliré mi promesa, regresé para que recuperemos lo único que nos queda. No hay más pérdida que el olvido de lo que somos: hombres. Tratemos de nuevo.

Blanc, quien era el más viejo dijo:

—Se olvida el señor que nos tratan con honor e hicimos un juramento, somos soldados al servicio de Sonora. Yánez tomó nuestra palabra como prenda de que no volveríamos a tomar las armas contra Sonora.

—Un hombre que renuncia a su país, a su pasado, no es nada, señor Blanc. Por eso regresé, para que volvamos a ser hombres.

—Yo estoy con usted —dijo Lefranc.

—Y yo —dijo Lenoir.

—También yo —afirmó Taillandier.

—Yo por supuesto, Conde —gritó Henaut.

—Barchet, Blanc, Martincourt, estamos.

Se hizo un silencio. El conde era incapaz de hablar.

—¿Cuál es su plan comandante?

—¡Hacer una ataque avasallador, el éxito depende de la energía del acometimiento!

Se acercó un hombre joven, delgado, con las mejillas hundidas.

—Comandante, está aquí el general Yánez y demanda ser recibido por usted.

—¡Yánez aquí! ¿Con cuántos hombres viene?

—Viene solo.

—¡Solo!

—Sí.

—¿Cómo se habrá enterado de que estoy aquí? ¿Rompería el capitán Borunda su promesa? Dile que haga el favor de acompañarnos con un café.

Momentos después llegó Yánez. Vestía impecable, con su levita negra, su bastón de mando en una mano y un pañuelo de algodón en la otra, con la que limpiaba las gotas de sudor.

—¡Vaya sorpresa, Conde! Me extrañó su presencia, no recibí ninguna nota del capitán Borunda.

—Es un caballero.

—¿Perdón?

—Le solicité al capitán que saldara la deuda que tenía conmigo. Le salvé la vida, así que le pedí que no le avisara mi partida de Hermosillo.

Yánez se quedó callado, pensativo.

—Quiere decir que no se rindió. ¿Es eso?

—Lo siento, pero hago lo que es mi obligación con mis hombres.

—¡Su obligación! No sea iluso, Conde. Su deber es hacer que respeten a Sonora. ¡Son soldados al servicio de Méjico! No haga la tontería de pedirles que traicionen a quien ha sido generoso con ellos.

—Sí, general, no hay promesa que valga cuando se traiciona a su país. Somos franceses.

—Muy bien, ¿qué harán los franceses en Sonora?

—La conquistaremos, tendremos su plata y gobernaré para el bien de ustedes.

Yánez bajó la mirada, sacó un purito y lo prendió, echó humo exasperado.

—¡Maldita sea, Conde! Diecinueve siglos han pasado y todavía el mundo no se cura de la locura de que un hombre puede establecer el destino de todo un pueblo. Lo que desea es sustituir nuestras ambiciones por las suyas. Sin apoyo de los sonorenses perpetuará el pasado, con más orden pero sin futuro. Si tuviera lucidez vería que es mejor dejar sola a Sonora y no someternos a un despojo en aras del futuro que ya es pasado.

Yánez se quedó callado, escudriñando las facciones del conde. Éste lo miraba pero no contestó.

—Si ése es su comportamiento, no tengo nada más que hacer aquí.

Yánez se levantó.

—Señores —hizo una reverencia, dio la media vuelta, pero ahí estaba Lefranc, impidiéndole el paso. Yánez no se inmutó—. Le suplico me deje pasar —habló sin levantar la voz.

Lefranc no se movió, miró al conde.

—Obedece al general. No debemos retenerle contra su voluntad. Cada quien tiene que cumplir con lo suyo. Antes de salir Yánez se volteó:

—Es un imbécil, Conde, pudiendo tener lo mejor de Sonora, se empeña en destruirla.

Todos nos pusimos de pie, a la expectativa. Los dos hombres se miraron a los ojos. El conde no dijo nada. Yánez salió.

—Señores —dijo el conde a sus hombres—, les diré mi plan.

Después de discutirlo y hacerle modificaciones, me ordenó que lo escribiera y sacara varias copias para sus oficiales.

—Señores, no hay más que hacer, expliquen el plan a sus hombres, que se preparen para el combate. Los espero en el patio en una hora.

Cuando salimos, todos los hombres estaban en el patio expectantes. Iban vestidos como los mejicanos: con pantalones anchos y camisas de tela blanca, sólo su tocado se diferenciaba; había shakos, kepis, sombreros de paja con tocas de piel, paños enrollados en la cabeza como turbantes.

El conde con levita y sus manos enfundadas en guantes blancos de ternera, se subió a un tonel que pusieron en medio del patio, los hombres lo rodearon. Con voz clara habló:

—Hermosillo fue nuestro, el destino nos quitó el triunfo pero aún podemos decidir si queremos continuar viviendo como cobardes o comportarnos como hombres. Al aceptar servir bajo la bandera mejicana traicionaron a Francia... Hay redención. Aún podemos probar que somos hijos de la nación que ilumina al mundo, que el valor y el honor nunca se pierden. A eso vine, a cumplir mi palabra para llevarlos hasta el final.

Todos callaban.

—¡Quienes estén dispuestos a intentar de nuevo, tomen sus armas!

—¡Adelante, adelante, adelante! Vamos, Conde, mostraremos lo que es el coraje. No estamos vencidos, somos franceses. No regresaremos a Francia con las manos vacías. *En avant!*, Conde. ¡Estamos con usted!

Las voces secas sonaban llenas de tensión. Martincourt se adelantó y le ofreció su espada al conde.

—Agradezco el honor, pero usted es su comandante, yo sólo seré uno más entre ustedes.

Hubo un murmullo entre los hombres. Martincourt le suplicó que reconsiderara. Los hombres lo seguían. Él era nuestro jefe.

—El cetro de mando me lo quitaron, ya no me corresponde. Seré el primero en el ataque. No hay más que hablar compañeros. Ha llegado el momento.

Levantó su espada, sus guantes blancos brillaron.

—¡Adelante! ¡Por la gloria de Francia! *Vive L'Empereur!*

Cuando salimos, el sol fue lo primero que nos golpeó.

Capítulo XIX

Carta del general José María Yánez al ministro
mexicano de guerra

Julio 30, 1854.[1]

En mi última comunicación dirigida por extraordinario, ofrecí a V.E. remitir tan luego como pudiese detalle completo del triunfo decisivo alcanzado por nuestras armas sobre el Conde Raousset y cohorte, en la tarde del día trece del corriente mes. No desembarazado aún de mil graves atenciones, ocúpome sin embargo, cumpliendo con aquella oferta, en remitir a V.E. algunos documentos, narrando enseguida si no todos, los principales hechos del combate en este puerto, cuyo resultado feliz debe medirse de tanta consecuencia para el bien de la República, como trascendental y gravísimo, de considerar sería, si adversa la fortuna en ese trance, la derrota hubiese desbaratado nuestras filas.

Paréceme oportuno comenzar aquí por apuntar cuál era la posición y la fuerza que tenían los extranjeros que siguieron a Mr. De Raousset, desentendiéndose oprobiosamente de las leyes

---

[1] Archivo General de Guerra y Marina, Fracción Primera, Operaciones Militares, 1854, Legajo 5, Invasiones de Sonora y Baja California de Walter y Raousset. Detalle de la acción dada en Guaymas el 13 de julio de 1854. Del libro *Los franceses en Sonora (1850-1854)*, Rufus Kay Wyllys. Trad. Alberto Cubillas. Ed. Porrúa. México, 1971.

del honor y de la conciencia. La mayor parte de dichos extranjeros, como V.E. sabe, ingresaron al departamento bajo la fe de un contrato celebrado, por el cual y mediante ciertas condiciones, estaban obligados al servicio de la nación. Como tales servidores fueron recibidos y halagados y considerados hasta lo sumo, recibiendo en todas ocasiones amplísimas pruebas de una generosidad y de una confianza, que ni remotamente tenían derecho a esperar. Se les dieron fusiles, fueron vestidos y uniformados, se alojaron en cuarteles cómodos y en el centro de la población. En fin, se atendieron todas las necesidades en alimentos, en medicinas, en paga, etc., etc. Pero nada de esto pudo contrapesar el perverso designio que llenaba su pensamiento y que se fortificó en su espíritu, calculando que ya entre nosotros, su actividad conspiradora les facilitaría una sorpresa por medio de la cual se harían dueños de este puerto a la hora que más les placiese. Y no se puede negar que su posición de amigos y de soldados del país era harto ventajosa para lograr tan infames propósitos, mucho más cuando diariamente crecía el número de aquellos con quienes podían contar para toda clase de excesos. [...]

La presencia del Conde en este puerto determinó una especie de efervescencia entre las clases aglomeradas por la maldad, en nuestro daño, y se observaron bullir y removerse inquietas. Los revoltosos encontraron su caudillo y movidos por él se organizaron y depusieron mutuas rencillas, ocupándose únicamente de preparar todos los medios propios para la lucha y para la violencia que querían ocasionarle al país. Armados, ya buena parte por la nación, no quedó un solo hombre que no tuviese a su disposición varias armas a la vez. Pistolas de cilindros, rifles guarnecidos con una cuchilla, fusiles de percusión, escopetas, espadas, puñales, etc., etc., todo esto de sobra y fue repartido superabundantemente. [...] No podía haber convenio pacífico cuando Raousset orgulloso de las fuerzas que mandaba y calculando en pro suyo todas las probabilidades, daba por segura la victoria y fuerte con esta seguridad, provocaba al combate no sin insolencia y fatuidad. En la misma mañana su plan de ataque estaba resuelto aguardando el momento de la ejecución. Este plan se circuló escrito entre los jefes extranjeros y después han aparecido algunos ejemplares. Es el siguiente:

«Obra al primer tiro, sin escuchar a lamentarios. Formar en cada compañía una sección compuesta de los mejores tiradores. Hacerles marchar por las azoteas convergiendo hacia el cuartel mejicano. Los tiradores tendrán que proteger la marcha de sus camaradas y tirarán especialmente sobre la artillería. Se asaltará el Fortín del Muelle por la cuarta compañía. Tomado el Fortín quedará allí media compañía y marchará la otra media sobre el cuartel enemigo, dando vuelta por el lado del mar, donde se reunirá con los alemanes. La 1ª y la 2ª compañía atacarán el cuartel por la parte del cerro. La 3ª pasará más delante, de modo que rodeará el cuartel por el camino de Hermosillo, dirigiendo al paso de carrera una sección sobre dicho tramo. Tirar lo menos posible. Correr sobre la artillería cargando a la bayoneta. Una vez tomada la artillería volverla inmediatamente contra los mejicanos. La 4ª compañía suministrará una guardia para el Hospital. Es inútil dejar hombres en nuestro cuartel. El negocio hecho, perseguir enérgicamente al enemigo y hacerle prisioneros. El cuartel será ocupado por artillería».

He aquí el plan de Raousset que he creído conveniente copiar para dar una idea exacta de sus disposiciones de hostilidad. Estas órdenes fueron ejecutadas en cuanto fue posible a los suyos. Por mi parte, no existía combinación escrita; pero las determinaciones que me había propuesto sostener eran muy sencillas. Hacerme fuerte en el cuartel, cubriendo las alturas y puntos de apoyo convenientes, resguardar las avenidas con secciones de infantería colocadas de modo que no estorbasen las maniobras de la artillería; operar con ésta sobre las masas de contrarios que a pecho descubierto se presentasen, desalojándolas si llegaban a ocupar parapetos; cuidar sobre todo de que no se cejase un solo punto; morir antes que ceder. Tal era, en pocas palabras mi proyecto de defensa, que sujetaba por supuesto a las mudanzas que podrían imponerles los varios accidentes de un encuentro como el que se preparaba.

[...]

Ya no era posible la duda. Había llegado la hora suprema de confiar a las armas la resolución definitiva del arduo problema que pesaba sobre los ánimos preocupando todas las imaginaciones desde la llegada del Conde Raousset. Era preciso combatir y combatir con denuedo en defensa de la más santa de las causas: la causa de la patria. A toda carrera tomé mis últimas disposiciones para esperar al enemigo y ya listo dirigí la palabra a los trescientos valientes que mandaba, exhortándoles al cumplimiento de sus deberes en ocasión tan solemne: un solo grito compuesto de trescientas voces unánimes, un grito de entusiasmo, presagio feliz de la victoria cubrió mi voz… en ese instante sonaron repetidas descargas: el combate estaba empeñado. Los extranjeros al dejar su cuartel se habían dividido como lo disponía el plan de Raousset en diversas secciones. Una de éstas se dirigió hacia el mar como para tomar el Fortín que domina al muelle y fue la primera que rompió fuego, haciéndolo, don Manuel Maraboto con varios marinos del resguardo marítimo. Dicho señor Maraboto (mutilado del brazo izquierdo, que perdió en la guerra con los Estados Unidos), fue pasado de una pierna, uno de quienes lo acompañaban fue muerto y otro gravemente herido.

Mientras que dicha sección amenazaba al Fortín y hería y mataba a algunos de sus defensores marchando después sobre mis posiciones, otras aparecieron simultáneamente por uno y otro extremo de la calle principal enfilando al cuartel y unas cuantas más asomaron por las calles laterales que daban a mi línea de defensa. En esta línea se realizó luego el combate general. Los franceses cargaron con ímpetu extraordinario sobre la infantería y artillería, pretendiendo a todo trance arrollar los obstáculos que detenían su paso para penetrar hasta el cuartel. Era el momento de oponer la resistencia más vigorosa y decidida. Ardía la calle con el vivísimo fuego que se cruzaba, y el enemigo con un arrojo digno de mejor causa, lejos de retroceder al principio del encuentro, logró avanzar por la derecha del cuartel, cejando a los nuestros el corto trecho. La artillería que había obrado perfectamente sufrió muchos de los tiradores contrarios y era escasísimo el número de artilleros. Herido mortalmente desde las primeras descargas el capitán don Mariano Álvarez, sin dotación suficiente, las tres piezas que jugaban en la acción, fue forzoso aminorar y aún apagar los fuegos de cañón.

Hubo entonces un momento angustiadísimo. Yacía por tierra la mayor parte de los artilleros. Una de nuestras posiciones a la derecha del cuartel y en su misma línea (la casa de don Miguel

Díaz), asaltada por el Conde en persona, fue tomada, hiriendo allí al teniente de urbanos de Guaymas don Wenceslao Yberri, que defendía el punto con unos cuantos soldados de la misma milicia y de cuyos soldados fueron algunos gravemente heridos. Por el lado del cerro, los franceses habían avanzado hasta caer sobre la calle principal, como apoderándose del camino que conduce a Hermosillo y de las norias que surten de agua a esta población. Por la izquierda del cuartel, el Hotel de Sonora, le abrigaba y desde dicho establecimiento hacían un fuego certero sobre las guerrillas que estaban a su alcance y contra los soldados que se movían en el frente del mismo cuartel. En aquella crítica situación, sosteniendo siempre el fuego y el vigor de la defensa, tuve que meter la artillería para evitar que cayesen en poder del enemigo y con objeto de habilitar a toda prisa artilleros improvisados que pudiesen volverla a poner en actividad. Mientras tanto había aflojado el primer ímpetu de los franceses, no adelantaron más y enardecidos los nuestros tomaban la ofensiva, en algunos puntos con tanto calor, que mirando su imprudencia, trabajo me costaba contenerlos. Los soldados colocados sobre las azoteas y los que se movían en guerrilla, manifestaban singular animación y continuando en la pelea con el mayor ardor prorrumpían continuamente en vivas entusiastas rechazando en todas partes a los contrarios. En aquella movible escena se repitieron mil actos de valor que desearía consignar aquí, para honra de la nación y de muchos patriotas, si no juzgase como imposible escribir la historia de cada una de tantas acciones de nobles y generosa consagración al servicio de una causa justa.

Repito que los contrarios no avanzaron más. Por el lado del mar, en la parte frente al cuartel fueron también briosamente rechazados. Nuevamente habilitada la artillería mandé batir con ella la casa de don Miguel Díaz y el Hotel de Sonora, donde parapetados estaban en buen número los enemigos. Durante estas operaciones el fuego se había extendido en un radio de grande magnitud. El capitán del 5° Batallón don Francisco Espino, mayor de esta plaza, con una sección atacó y deshizo la fuerza contraria que obraba por la calle del cuartel como cerrando el camino de Hermosillo. Otras varias secciones y con ellas valientes oficiales veteranos y urbanos, y alguno que otro esforzado auxiliar, persiguieron sin descanso a los sublevados causándoles gran daño, desalojándolos de varios puntos sucesivamente y haciéndoles prisioneros que conducían inmediatamente al cuartel. […] Batiendo la casa de don Miguel Díaz a la derecha del cuartel, tuvimos muchos esfuerzos que hacer.

Allí sufrió nuevamente la artillería y fueron heridos de gravedad el subteniente de esta arma, don Antonio Arce, y sargento de la misma fuerza; esta posición fue defendida obstinadamente por el Conde Raousset, quien al abandonarla con los suyos fue perseguido vivamente del lado del cerro por una sección que encabezaban el subteniente don Miguel Gutiérrez y don Jorge Martinón. Derrotados los contrarios en ese punto se defendían aún en el Hotel de Sonora. Para aniquilar de una vez este su último refugio, ordené el asalto, mandando que la infantería atacase por retaguardia al edificio susodicho mientras que el frente era batido por la artillería. Mis órdenes fueron exactamente ejecutadas y el Hotel de Sonora cayó en nuestro poder, costando su defensa a los franceses numerosos muertos, heridos y prisioneros.

A tal punto habían llegado los sucesos, cuando dispuse que el señor comandante militar general don Domingo Ramírez de Arellano, fuese a reforzar el Fortín con cuarenta soldados y una pieza de a cuarto. […]

Al mismo tiempo que esto pasaba, los sublevados que huían poseídos de un terror pánico, mirándose perdidos sin remedio y sin esperanza alguna, se metieron en casa del señor vice-cónsul de Francia, solicitando su amparo para merecer alguna consideración y declarando que estaban rendidos a discreción. Se puso bandera blanca en el cuartel francés. Mandé cesar los fuegos y a poco, el referido señor vice-cónsul se me presentó dándome parte de la rendición de sus nacionales y pidiéndome en nombre del S. M. el Emperador de los Franceses, gracia para los rendidos, que el Conde Raousset había engañado empleando para seducirlos maquinaciones inicuas puestas en juego desde California y continuadas en ese puerto. En nombre de S. A. S. el General Presidente ofrecí la vida a esos secuaces seducidos de la revuelta, verdaderos instrumentos del Conde y de sus perversas miras.

CARTA DE GASTÓN DE RAOUSSET-BOULBON A SU MEDIO HERMANO VÍCTOR

Guaymas, a 10 de agosto de 1854.[2]

Mi querido hermano:

Cuando recibas esta carta no estaré en este mundo, respecto a las circunstancias por las que estoy aquí, las conoces. Combatimos en Guaymas, [...] les di un plan de ataque, no lo siguieron en ningún momento. Por cierto, los sonorenses pelearon con mucho valor; su general es un hombre de ánimo indiscutible, sus hombres lo siguieron.

El combate comenzó a las cuatro de la tarde, a las seis, los franceses, desanimados, habiendo perdido, entre muertos y heridos, la tercera parte de sus efectivos, se refugiaron en la casa del cónsul honorario de Francia, rindiéndose sin condiciones.

En este desafortunado combate, no pude más que actuar como soldado, di el ejemplo. Tengo la conciencia tranquila de haber hecho todo para la victoria, sólo un puñado de menos de veinte hombres me siguieron. Me quedé unos minutos sobre el parapeto de una muralla para probar que podíamos pasar al otro lado... uno me secundó. Ataqué el cuartel de los sonorenses, estaba a cien pasos, llegué hasta la muralla en ruinas, del otro lado estaban los enemigos, esperé que vinieran mis compañeros. Me hirieron en la mano izquierda: un corte de bayoneta y un disparo. Los franceses vieron todo, a pesar de esto, nadie me auxilió, tuve que regresar con ellos.

Cuando mis hombres se refugiaron en la casa del cónsul, todo terminó, perdimos el combate. Cumplí mi obligación, tenía el derecho de pensar en mi seguridad, varios compañeros me rogaron que los acompañara, aún podíamos abordar la fragata La Belle y huir. Perdóname hermano por no haberlo hecho. Vine a compartir la suerte de los franceses y lo quiero hacer hasta el final, deliberadamente me sacrifico por ellos. No me rendí, fui hecho prisionero.

---

[2] De La Chapelle. *Le Compte de Raousset-Boulbon et L'Expedition de la Sonore, correspondance-souvenirs et œuvres inedites.* E. Dentu, Libraire-Editeur 1859. pág. 214.

Ayer nueve de agosto, un Consejo de Guerra me condenó a muerte, mañana o pasado, me fusilarán. El general Yánez me permite escribir y me garantiza que no sufriré ninguna humillación, seré fusilado de pie, frente al pelotón, sin ataduras en las manos, sin venda en los ojos.

Cuando me hicieron prisionero, sabía que sacrificaba mi vida. Hace veintisiete días que estoy en prisión incomunicado, tuve todo el tiempo para ver la muerte y pensar lo que significa: la certeza de que me llevará a los treinta y seis años, cuando estoy en la plenitud de la vida y de la fuerza.

No creas que hay dolor en esta situación, no te afecte el pensamiento de que esto ha sido una dolorosa y lenta agonía. No, no, hermano, te equivocas, muero en calma. Hice en la vida cosas buenas y malas, considero el suplicio como una expiación por los actos malos, pero sobre todo, por lo que soñé y no realicé. Tengo la conciencia en paz. Estoy aquí cumpliendo mi obligación, mi palabra, con ella cavé mi tumba.

Quise hacer el bien a quienes me depositaron su confianza, amo el país en el que voy a morir. A pesar de la cólera y la pasión, inherentes a mi temperamento, deseé sinceramente traer el bien a Sonora, lo hubiera podido hacer con el apoyo de la Legación Francesa cuando estuve en la ciudad de Méjico; estoy seguro de que los mejicanos habrían sido los más beneficiados junto con los desgraciados franceses que en San Francisco luchan sin esperanza contra un destino sin futuro. Jamás halagué ni exalté las malas pasiones; te confieso que siempre actué de acuerdo a sentimientos generosos.

Tengo profunda fe en la inmortalidad del alma y en que la muerte es el encuentro con la libertad, creo firmemente en la bondad del creador hacia sus criaturas. Cuando sigo este razonamiento, me exalto: la muerte será la hora más feliz de mi vida. ¡Muero tranquilo, hermano!, no tienes que sufrir por mis últimas horas.

Te dejo un libro que contiene notas, borra las que quieras, saca mis sueños de quimera que apunté cuando no tenía nada mejor que hacer y que no me deben sobrevivir. Después de haber eliminado estos pensamientos, guarda el libro, que sirva como prueba si atacan mi memoria y debes defenderme.

Cuando Émile tenga veinte años, puesto que quieres que sea un hombre, le puedes dar el libro y decirle lo que fue su tío Gaston.

Le pedí a un oficial sonorense tomar sobre mi cadáver la medalla que llevo siempre colgada al cuello, te la hará llegar, se la darás a mi sobrina como recuerdo mío, le dirás que cuando la mire, piense que la más grande belleza de la mujer es la discreción. La mujer debe tener una vida sensata, pensar en su pareja, en lugar de bailes y baratijas. Todo cuanto intentes por hacer de tu hija una mujer así, como su madre, será en aras de su felicidad. Por lo que respecta a tus hijos, enséñales un camino, una ocupación y un propósito, si no lo logras, tiembla por su futuro. Desconfía de la educación universitaria, la más detestable que conozco; lo sabes también por experiencia: nueve décimos de los alumnos que salen de la universidad no aprendieron nada. Cuida la educación de tus hijos, haz que sepan mucho, sobre todo cosas prácticas. El Duque de Aumale me dijo: «haré que mi hijo aprenda un oficio práctico y manual para que pueda ganarse la vida».

Medita estas palabras querido hermano, y no olvides que quien habla así, es hijo de Rey. Tu fortuna y posición te permiten dar a tus hijos la mejor educación que se pueda imaginar. No descuides nada, es tu deber, su futuro está en tus manos.

Les escribo a ti y a tu familia porque después de una separación de algunos años, estamos destinados a volvernos a ver. Por camino y tiempo diferentes, llegamos todos al mismo fin: la muerte, ésta es la reunión de los que se amaron. Nuestro padre fue severo: ¿por qué desde hace unos años lo veo en mis sueños como alguien sonriente y bondadoso? ¿Por qué conservo para mi madre un cariño que se ha convertido en culto, que me hace aspirar a estar cerca de ella? La explicación es que hay una cadena misteriosa que comienza antes de nuestro nacimiento y nos sigue más allá de nuestra tumba. La vida no es más que un eslabón. Sí, nos volveremos a ver, no hay que entristecerse por los que mueren, se van a unir a los que amaron y esperar a los que aman.

[…]

Sé el cariño que tu madre me tiene, sé que mi muerte la va a entristecer, consuélala, dile que mi vida ha sido triste, perdida, estropeada por las decepciones, la dejo sin ninguna pena. Agradécele los actos buenos que tuvo conmigo, pido me perdone por todos los problemas que le di.

Dile a tu hermosa y buena mujer que haga que sus pequeños hijos recen por mí. Que les hable a esos ángeles de su tío Gaston, que amen mi recuerdo. Querida Lorenza. ¡Cuántas veces durante mis aventuras soñé con tener una vida tranquila, retirado en la dulce alegría de la familia, con una mujer tan buena como tú!

Conoces a mis amigos, diles que no los olvidé. En el umbral de mi tumba a la que descenderé mañana, todos los que me amaron, los quiero más y en lo profundo de mi corazón les agradezco las horas de dicha que me dieron. No olvides sobre todo a Edme de Marcy, es quien más me amó y mejor le correspondí.

Es tiempo de terminar esta larga carta, cuando reflexiones sobre mi vida, piensa que hay hombres de naturalezas excepcionales a quienes sus cualidades y defectos los llevan por extraños caminos, hay que juzgarlos con imparcialidad.

¡Adiós, querido hermano!, continúa tu vida como lo has hecho hasta este día, estarás en lo cierto, conságrate a tu esposa e hijos, hazme vivir, piensen en mí y créanme, mi más grande pena es no haber podido, antes de morir, pasar unas horas con mi familia. Adiós, de nuevo, adiós por última vez, hasta pronto, en un mundo mejor.

Firmado Gaston

PD: encontrarás una copia de mi sentencia, verás que me condenaron por actos de conspiración y rebeldía, no contiene ningún término infamante. Esta sentencia debe ser asimilada a una condena política. [...]

Epílogo

Por consejos del conde, nuestra defensa ante la Corte Marcial consistió en argumentar que fuimos engañados. El comandante Yánez abogó por nosotros, contrariando órdenes del presidente Santa Anna que deseaba fuésemos fusilados. El tribunal nos perdonó la vida para evitar regresarnos a San Francisco y posibles amenazas. Ordenaron deportarnos por el puerto de Veracruz.

Antes de abandonar Guaymas, ordené las cartas del conde con hilo de seda, cosí sus hojas, pegué el lomo del manuscrito con tela gruesa de algodón, le puse tapas de cartón y recubrí el libro con piel de ternera. Lo envolví en un pañuelo de seda blanca y se lo llevé.

La encontré en su tienda, rodeada de mujeres que hablaban al mismo tiempo. Tenía la mirada dirigida hacia las montañas que se veían por la puerta abierta al patio. Su abundante cabellera estaba recogida de manera descuidada sobre la nuca con una peineta de hueso. Cuando me vieron callaron, abandonaron la tienda y se fueron al interior de la casa.

—Mucho trajín, Maonia.

—Troqué la tienda, Vigneaux, embarco en el Archibald Gracie, el que está en la bahía: me jalo a San Francisco.

—¡San Francisco!

Hizo movimientos circulares con la mano, como alejando a un molesto insecto que estuviera rondando cerca de su cabeza, las pulseras de plata de la mano sonaron.

—No la imagino fuera de Sonora.

Inclinó la cabeza, comenzó a llorar. Me acerqué y le puse la mano en el hombro. Fue entonces cuando se dio cuenta del paquete envuelto en seda blanca. Su mirada era gris, venía de lejos.

Quité el pañuelo al libro y lo puse sobre su regazo. Lo miró, con movimientos indecisos lo tomó, se levantó, caminó con él, lo estrechó contra su pecho, estiró los brazos para dármelo, cambió de opinión; se quedó con el libro, lo acercó a su cara para olerlo, acarició la cubierta con su mejilla. No lo abrió.

Se fue con él al patio, cambió de idea, regresó, volvió a salir, tomó con las dos manos el libro y como escudo lo tendió hacia mí.

—¡No lo quiero! ¿De qué me sirven sus palabras? ¿Cambian algo? ¿Cambian algo a lo que amé y perdí? Traté de que se diera cuenta de que amar es recibir lo que te da la vida. Él amó a su sueño. Amar no es poseer sino perder, amar es una forma de perder. ¿Qué cambiarán sus palabras? Nada. ¡Vamos, Vigneaux!, quédese con ellas, son de usted, no son para mí. Tome sus cartas.

Desató su pelo, cayó pesadamente sobre sus hombros cubriéndole la cara, movió enérgicamente su cabeza, echando su cabellera hacia atrás. Me disponía a dejarla cuando su imperiosa voz sonó por toda la tienda.

—¡Vigneaux! ¡Regrese! Suplico, siéntese. Tomemos un café. No se vaya. Quiero se quede con mis palabras. Quizás pueda hacer algo con las de los dos, un menjurje, póngalo en un frasco para que dure.

* * *

Cuando mi barco zarpó de Veracruz y contemplé por última vez la nevada cima del Pico de Orizaba, supe que mi vida, mi hogar, mi patria, serían lo que había sido en este país. Las montañas de plata ahí están, ahora, Napoleón III va a ir por ellas. Para mí, las ilusiones se quedaron, estaba condenado a vivir en el pasado.

Regresé a París. Me quedé con la clientela de mi padre. Se me olvida esta historia, vivo en un presente de luz, donde no descanso. Busco la oscuridad. Sólo la encontraré si escribo este libro.

Algunas veces, pocas, muy pocas, se guarda en la memoria una sucesión relacionada de hechos, se atesoran, constituyen un jardín secreto, un refugio. Se protegen como un santuario, se visitan en solitario, se abren una y otra vez las cicatrices.

La remembranza es un placer morboso, sin darse cuenta se modifica el registro de la memoria. Es un engaño, creemos que volvemos al mismo lugar, pero una vez que se revisa, que se recurre, éste se modifica. Nunca volvemos al mismo sitio, regresamos a un punto diferente.

Necesitamos la ilusión del pasado, siempre regresamos a nuestros recuerdos, cada vez con más ardor y mayor añoranza. Es una habitación oscura, llena de colores y formas brillantes.

Hay que evitar a toda costa que penetre la luz, desvanece el pasado. Ante su escrutinio, los recuerdos se esfuman como papel de arroz en el fuego.

Al escribir esta historia, ellos, los recuerdos huirán de mí, no me pertenecerán, perderé mi refugio.

Morimos con los moribundos.

París, 1863.

Glosario yaqui

Yóo Jo´ara: mundo paralelo, el de «aquí», de los hombres, y el de «allá», de la naturaleza. En el desierto, plantas, animales, pájaros, rocas, forman una comunidad viva. Los dos mundos conviven en silencio. Para comunicarse se necesitan dos cosas: la lengua, en este caso las tradiciones y las canciones sagradas, provienen del *Yóo Jó´ara.*

Séa Jó ara: mundo de los sueños, don que recibe un niño al nacer, quienes lo tienen pueden comunicarse con el *Yóo Jó´ara* para pedir ser un buen guerrero, músico, danzante, valentía, y muchas cosas más. Puede ser utilizado para el bien o para el mal. *Yo Jo´ara* concede si se cree ciegamente en él. Quien tiene este don puede escapar ante un peligro, o le suceden cosas buenas sin que se lo proponga. Viaja a otros lados mientras el cuerpo permanece, o se transforma en algún animal veloz, razón por la cual mucha gente cree ver a una persona en un lugar, cuando físicamente está en otro.

Maso bwikam: cantos del venado, la más antigua de las expresiones verbales de los yaquis. La danza consiste en una ceremonia ritual en que tres músicos tocan, interpretan cantos de venado y una cuarta persona toca el tambor de agua, mientras un quinto baila representando al venado. Su caza y muerte, su baile en el «aquí» tiene un paralelo en el «allá», representando el mundo del bien y del mal. Es un drama de muerte y resurrección.

Saila Maso: los yaquis se refieren a éste como el pequeño hermano. Es la voz que canta las canciones del venado.

Erim: mal.

Téeka: cielo.

AGRADECIMIENTOS

A María Concepción de la Fuente Bustamante, quien me ayudó a desentrañar el origen de la mina Planchas de Plata y varias partes de la historia de Sonora. A Armando Reyna Salido: además de acompañarme en mis investigaciones históricas en Hermosillo, me introdujo a la carne añeja de Sonora. A Dean Wilde, biólogo afincado en Guaymas, cuyos conocimientos sobre la flora, fauna y geografía del desierto sonorenses, fueron indispensables, así como su innegable capacidad de guía: aún perdido en el desierto sonorense con 40 grados, siempre encontró el camino que llevaba hacia una cerveza helada. A Lorena González Lobo, por su hospitalidad en Guaymas. A María Trinidad Ruiz Ruiz, del Instituto Sonorense de Cultura, Zona Sur, por su ayuda en la preparación del Glosario Yaqui. A mis compañeros de la séptima generación de la Universidad Iberoamericana de creación de primera novela, en especial a Celso, el maestro. Al doctor Javier Estrada por sus comentarios sobre mitos indígenas. Al coronel Manuel Guillamo por sus precisiones sobre el Imperio Francés.

A Federico Catalano, amigo, agente literario, quien me hizo querer Argentina, sin su complicidad, este libro no sería lo que es.

A las siguientes bibliotecas: Nacional de Francia en París y The Nettie Lee Benson Latin American Collection de la Universidad de Texas, en Austin, por su acervo en historia de Sonora y sobre los personajes de esta novela.

Por último, lo más importante: a mi adorada Mayte, que nunca entendió esta historia. A Jacques, Nathalie y Amaia, por mis ausencias.

Notas aclaratorias

La historia de Juan Bautista Jecker, contenida en las páginas 58 a 60, está basada en el libro de Manuel Payno *México y Barcelona. Personajes y sucesos que determinaron la intervención Francesa en México de las Potencias Aliadas*. México, 1902. Tipografía Económica.

Ernest Vigneaux escribió *Souvenirs d' un Prisonnier de Guerre au Mexique 1854-1855*, L. Hachette, París, 1863. En este libro narra su aventura con el Conde Gastón de Raousset-Boulbon y su viaje de Guaymas a Veracruz como prisionero. Nada tiene que ver lo escrito por Vigneaux en su libro con esta novela, cuyos personajes existieron, pero su desarrollo es obra del autor. Su viaje como prisionero está editado en México: *Viaje a México*. Ediciones del Banco Industrial de Jalisco. Guadalajara, 1950.

Las citas sobre el destino manifiesto provienen principalmente del libro de estudio clásico sobre esta corriente que impulsó el crecimiento de los Estados Unidos: *Manifest Destiny. A study of National Expansionism in American History*. Albert K. Weinberg. The Johns Hopkins Press. Chicago, 1963.

Francia se opuso en México al expansionismo de los Estados Unidos. El concepto «América Latina» se creó en París para marcar la diferencia con la América de los anglos. El interés por México se refleja en el libro *Les États-Unis et le Mexique : L´ intérêt européen dans l´Amérique du Nord*. Hyppolyte du Pasquier de Domartin. Guillaumin, Paris, 1852.

La leyenda «El Sol ama a la Luna», contenida en el Prólogo proviene de *Yaqui Myths and Legends*. Ruth Warner Giddings. The University of Arizona Press.

Los versos contenidos en este libro provienen de la danza del venado y fueron tomados de *Yaqui Deer Songs Maso Bwikam. A narrative American Poetry*. Larry Evers y Felipe Molina. Sun Traces and The University of Arizona Press. Tucson, 1987.

APÉNDICE

POESÍAS ESCRITAS POR EL CONDE GASTÓN DE RAOUSSET-BOULBON[1]

Maldición de la gitana

Echa las cartas, ¡gitana! consulta al diablo
Tengo veinte años riqueza y el alma llena
de esos tesoros de esperanzas que hacen amar la vida.
Dime que con el oro que se va de mis manos
me traicionarán mis amigos más queridos.
Dime que el futuro es una mentira y un sueño,
un sueño insensato que en llanto termina.
Dime que todo es falso y que un juramento de amor
por la eternidad sólo dura un día.
Dime gitana.

Entonces oirás mi niño:
En los rojos harapos sobre sus rodillas.

Las líneas sobre mi mano leyó

[1] *La Presse Littéraire:* Paris, 1857, Sixième Année, 9 eme. série. Tome 7eme.
Edouard Thierry: «Comentaires sur le livre de A. de la Chapelle».

Asintió con su cabeza y me dijo:
No es mi boca la que habla, escucha, es el espíritu;
joven incrédulo, escucha. Cuando tu hora
lastimera haya sonado, como este viento que llora.
Cuando sientas arrugar tu frente soberbia.
Cuando dudes si el cielo te maldijo
Joven, ¡acuérdate de la gitana española!...
Fortuna, amigos, juventud, amores, hoja que vuela
que el tiempo se lleva sin devolver jamás.
¡Pronto todo perderás!
Los días que soñabas,
Soles que llamaban tu alma feliz.
Quizás con sus rayos iluminen tu vida,
quizás en la noche, cuando la traición
el hambre y la sed, el fuego, el hierro y el veneno
hayan desgastado tu cuerpo y alma
Entonces si tu gran corazón no ha perdido su llama
Si mil veces engañado, guardas aún la fe
Si todavía luchas... joven, ¡tú serás monarca!
Quizás... pero antes tu cabeza que se inclina
sangrará bajo una corona de espinas.
¡Sufrirás!... ¡Ay! Todos te podrán ver
Como la uva madura arrojada a la prensa
Engañado por el destino, destino que menosprecias,
destino ciego y sin entrañas.
¡Sufrirás! El oro resbalará de tu mano
Estarás pobre y solo.
Tus días serán aciagos en la lejana tierra.

Más allá de los mares el porvenir te llevará.
¿Volverás a ver tu antigua cuna?
¿Y tu viejo escudo grabado en la piedra?
A menudo, los recuerdos, sobre tu boca tierna,
mezclarán con llanto el nombre de la patria
Pero, ¿volverás a verla?... Lejos, más allá del mar
¿Quién podrá decir dónde dormirán tus huesos?
La bestia salvaje o la blanca paloma
en la sombra nocturna visitará tu tumba.

La pobre gitana ¡ay! tenía razón
Ingratitud, olvido, mentira, traición
se mezclan en la copa donde tus ávidos labios
beberán la vida que debes agotar.
Corazón de amor perdido, buscarás el amor
Como el ojo del aguilucho busca la aurora
Como el gamo herido corre por la llanura
Buscando la sombra de los bosques y de las fuentes.
Lleno de fe y esperanza, tu corazón se entregará
Ama entonces, pero ¡hay desgracia! ¡Te traicionarán!
Sí, desgracia, pero sobre todo en cada destino
Tu hado te mantendrá a la tierra encadenado
¡Hasta el día del triunfo!... ¡Sí, hasta ese día!
Quien te ame de ese amor morirá.

Noche en el cielo, misterioso abismo,
Donde por la mano de Dios, nuestro globo echado
Navega con su miseria, llantos y crímenes,
En medio de los faros sublimes
A través de la inmensidad.

Esta noche, estoy solo, todo ahora descansa
Y ningún ruido interno despierta el eco.
Afuera el huracán asedia mi morada,
La tempestad que ruge y llora
y del Arach las olas azota.

¡Oh! soledad árida, que bajo mis párpados
el llanto trajera, si a mi lado no viera recostado
A mi león Salem, del Atlas oriundo,
Cuya altiva cabeza enhiesta
Me cubre los pies con su melena

Aquí está mi león, amigo tan bravo,
Compañero peligroso, de ardientes fantasías
Que al capricho de sus odios o ternuras
A veces ruge o me colma de caricias.
Usted tiene a sus dos hijos, señora.

¡Apiádese de mí! Los hijos, de Dios son obsequio;
Hacia ellos parece ondear la luz de los corazones;
Nuestra primavera son, revivida en otoño
De la esposa son corona,
Del hogar, ángeles de la guarda.
¿No son, acaso, la fuente donde el alma no saciada
Ve de sus nebulosos deseos apagarse el fuego,
En la oscura sombra donde brota la vida,
Una estrella siempre seguida,
Un rayo siempre luminoso?

Usted tiene dos hijos. ¡Qué feliz es usted!
Los ve ir y venir en derredor suyo;
Y por la noche, mientras su mano gozosa y estremecida
Atrae hacia sí sus cabezas sedosas
Se duermen en vuestras rodillas.

Sí, es usted feliz y me gusta volver a decirlo
Gracias a este amor, de santas voluptuosidades fecundo
en el aire por sus bocas respirado
Por sus besos, su sonrisa,
Y las lágrimas que le han costado.

Mañana, en el seno del tiempo, se alista un año nuevo;
Mañana, hasta la tempestad para usted será mansa;
Mañana es para una madre hermoso día de fiesta,
Y pese a la sombra y a la tormenta
Mañana será para usted radiante, señora.

Para mí mañana rebozará de amarga tristeza
Pues no tengo, por desgracia, hijos de frente rosada
Que traigan con sus ojos llenos de ternura,
Sus rubias cabezas a mis caricias
Ni sus labios a mis besos.
¿Qué desear para usted y qué votos presentarle puedo?
¿El oro, amigo de los placeres? ¿Los resplandecientes honores?
Votos semejantes no figuran en un corazón materno.
¡Que Dios, por cuya gracia todo prospera,
En sus hijos la bendiga!

Y a mí, quien, exiliado, a menudo la tumba llama
Compadézcame, pues por infortunio,
Sólo tengo a mi lado por la noche cuando la tormenta
Se deshace en lluvia
Al esclavo a menudo insumiso,
Mi hermoso león del Atlas.

ÍNDICE

México perdido, de Rolan Pelletier Barberena©
se terminó de imprimir en junio de 2009
Quebecor World S.A. de C.V.
Fracc. Agro Industrial La Cruz
El Marqués, Querétaro
México